O poder do acaso

O poder do acaso

Como as pessoas que você não conhece podem transformar a sua vida

KIO STARK

tradução de
DINAURA M. JULLES

Copyright © 2016 Kio Stark
Copyright da tradução em português © 2019 Alaúde Editorial Ltda.

Título original: *When Strangers Meet – How People You Don't Know Can Transform You*
Publicado mediante acordo com a editora original, Simon & Schuster, Inc.
TED, o logo TED e TED Books são marcas da TED Conferences, LLC.

Todos os direitos reservados. Nenhuma parte desta edição pode ser utilizada ou reproduzida – em qualquer meio ou forma, seja mecânico ou eletrônico –, nem apropriada ou estocada em sistema de banco de dados sem a expressa autorização da editora.

O texto deste livro foi fixado conforme o acordo ortográfico vigente no Brasil desde 1º de janeiro de 2009.

INDICAÇÃO EDITORIAL: Lauro Henriques Jr.
PREPARAÇÃO: Cacilda Guerra
REVISÃO: Claudia Vilas Gomes
CAPA: MGMT.DESIGN
ADAPTAÇÃO DE CAPA: Cesar Godoy
PROJETO GRÁFICO: MGMT. DESIGN
ILUSTRAÇÕES: Julia Rothman

1ª edição, 2019
Impresso no Brasil

Dados Internacionais de Catalogação na Publicação (CIP)
(Câmara Brasileira do Livro, SP, Brasil)

Kio Stark
O poder do acaso : como as pessoas que você não conhece podem transformar a sua vida / Kio Stark ; tradução Dinaura M. Julles. -- São Paulo : Alaúde Editorial, 2019.
Título original: When strangers meet : how people you don't know can transform you.
ISBN 978-85-7881-588-2
1. Autoajuda 2. Desenvolvimento pessoal 3. Desenvolvimento profissional 4. Relações interpessoais I. Título.

19-25216 CDD-158.2

Índices para catálogo sistemático:
1. Autoajuda : Relações interpessoais : Psicologia aplicada 158.2
Iolanda Rodrigues Biode - Bibliotecária - CRB-8/10014

2019
Alaúde Editorial Ltda.
Avenida Paulista, 1337,
conjunto 11
São Paulo, SP, 01311-200
Tels.: (11) 3146-9700 / 5572-9474
www.alaude.com.br

Para minha mãe

SUMÁRIO

INTRODUÇÃO		11
CAPÍTULO 1	Quem são os desconhecidos?	18
CAPÍTULO 2	Intimidade efêmera	24
CAPÍTULO 3	Um mundo feito de desconhecidos	47
CAPÍTULO 4	Os mecanismos de interação	67
EPÍLOGO		103
EXPEDIÇÕES		106
AGRADECIMENTOS		113
TRABALHOS MENCIONADOS		115
SOBRE A AUTORA		118
SOBRE O TED		119

O poder do acaso

INTRODUÇÃO

O balcão de frios é tão alto que para ver o homem que prepara os sanduíches tenho que ficar na ponta dos pés. Faço o pedido, ele concorda com um sinal de cabeça. Quando retrocedo, ouço uma voz vinda do alto. "Como vai?", o balconista me pergunta do alto da escada de repositor. "Não posso me queixar", digo. "Mas vou ficar bem melhor quando comer aquele sanduíche." Ele ri e volta para as latas que estão na prateleira.

"E você, como vai?"

Ele se dirige a mim. "Eu? Você chegou e eu ganhei o dia." Ele inclina a cabeça e sorri. Quer fazer um elogio e decido entender o comentário assim. "Você está de folga?" Não estou vestida para ir ao escritório. Entendo por que ele perguntou.

"Bom, sou escritora, então vou ficar sentada no meu computador." Faço o movimento de digitar. Ele pergunta sobre o que estou escrevendo.

"É sobre conversar com estranhos."

"Não me diga! Bacana." Ele desce da escada. "Sabe, faço isso o tempo todo. Quero dizer, aqui faz parte do meu trabalho. Mas em todos os outros lugares também." Ele abre os braços no ar, mostrando a cidade toda. "Sabe como é, no elevador ou algo assim, não a toda hora, nem sempre fica bem. Mas só 'oi' ou 'bom-dia'. Outro dia, eu estava no elevador e disse para uma mulher que estava perto de mim, eu só olhei para ela e disse 'Bom dia' e olhei

de novo para a porta. Não queria que ela pensasse que eu tinha segundas intenções, não mesmo. Ela se dirige a mim e diz: 'E bom dia para você'. E então ela disse: 'Sabe, eu agradeço. Agora me sinto gente'. É o que eu tento fazer. Eu gostaria que todos soubessem. As pessoas não precisam viver assim, como se não estivéssemos juntos aqui."

Conversar com pessoas que não conheço é minha aventura. É minha alegria, minha rebelião, minha liberação. É assim que eu vivo.

Eis o motivo. Quando fala com estranhos, você experimenta quebras surpreendentes na narrativa esperada para a sua rotina. Você muda de perspectiva. Você faz conexões momentâneas e significativas. Você se depara com perguntas cujas respostas achava que sabia. Você rejeita as ideias que nos fazem desconfiar tanto das outras pessoas.

• • •

Há muito tempo penso nisso. Não é apenas porque minhas próprias interações com estranhos ressoam com significado para mim. Sou também fascinada pela vida dos outros, com o modo como as pessoas do mundo todo falam com estranhos, por que o fazem e por que não. Na última década, minha fascinação também se estendeu para o mundo conectado, repleto de novas tecnologias com potencial para gerar novas formas de conexão. Muitas dessas ideias que você encontrará aqui se consolidaram em um curso universitário que criei no programa de Telecomunicações Interativas da New York University (NYU), onde ensino tecnólogos, programadores e *designers* de aplicativos a entender como os estranhos que eles tentam agrupar se comportam na verdade, e por que as pessoas fazem o que fazem diante de pessoas que elas não conhecem.

Nestas páginas, vamos analisar por que falar com estranhos é bom para você. Vamos investigar como é possível as pessoas se abrirem, até mesmo nas conversas mais curtas, com estranhos e a fascinante dinâmica de como fazem isso. O que é preciso para dizer um simples "oi" para um estranho pelo qual você passa na rua? Como essa interação poderia continuar? Quais são os lugares em que há maior probabilidade de você interagir com desconhecidos? Como escapar de uma conversa? Parecem perguntas fáceis. Mas, como você verá, não são.

Agora, as regras básicas.

Deveria ser óbvio, mas este livro trata de como observar o que seria óbvio, então, por via das dúvidas:

Quando falo sobre conversar com desconhecidos, estou falando sobre uma interação aberta, respeitosa, genuína. Nada do que você lerá aqui se destina a aprovar ou sugerir que contatos indesejados e hostis – assédio na rua, em outras palavras – contribuem para a nossa sensação de pertencimento e humanidade. Nesses casos, trata-se de uma forma de violência: assobios, xingamentos, comentários desrespeitosos sobre o corpo dos outros, zombarias, ameaças veladas e ameaças explícitas. E não apenas naqueles momentos – quando as pessoas se posicionam frequentemente contra esses comportamentos, elas estão se treinando para não falar com estranhos. Como cidadão da rua, você tem duas responsabilidades. A primeira é ser gentil e respeitoso. A segunda é protestar veementemente quando presenciar comportamentos de agressão verbal ou física na rua, a não ser que você acredite que ao se manifestar poderia piorar a situação. Proteger a possibilidade de todos terem interações positivas em público com pessoas desconhecidas tachando-as de encrenqueiras, inimigas, invasivas... não faça e não tolere isso.

    Este é um livro sobre conversar, mas também um livro sobre ver, ouvir, estar atento ao mundo. Quero mostrar como as nossas conexões mais momentâneas podem ser líricas e profundas, quero ampliar sua compreensão e aprofundar sua percepção sobre as pessoas que são desconhecidas para você. Quero que você perceba os mecanismos e os significados invisíveis das interações de rua. Quero apresentar a você uma nova forma de se apaixonar pelo mundo.

1 Quem são os desconhecidos?

Como dividimos o mundo entre conhecido e desconhecido? *Desconhecido* é uma palavra capciosa – você acha que sabe o que significa até que tente explicá-la para si mesmo. Ela define uma ideia que estrutura, de forma invisível, sua vida diária, o que você vê, as escolhas que faz, o modo como se movimenta. Você quer ver o quanto ela é ardilosa? Diga-me o que *desconhecido* significa para você.

Pergunto bastante sobre isso, e quase tudo o que ouço se resume a esta maravilhosa lista contraditória.

- Alguém que você viu só uma vez.
- O mundo inteiro de pessoas que você nunca viu ou com quem nunca se encontrou.
- Todas as pessoas que são desconhecidas para você, mas que podem ser conhecidas, as pessoas que você reconhece como indivíduos de alguma forma, mas com quem não se encontrou pessoalmente.
- Pessoas sobre as quais você tem informações pessoais, mas com quem não se encontrou, como o amigo de um amigo ou uma pessoa pública.
- Uma pessoa que não compartilha o mesmo contexto que o seu, seja ele ideológico ou geográfico.
- Uma pessoa com quem você não tem nada em comum.

- Alguém que não faz parte de nenhum grupo ao qual, em sua opinião, você pertence.
- Alguém que você não consegue entender.
- Alguém que é uma ameaça.
- Alguém que você encontra frequentemente, mas sobre quem você não sabe nada além do que consegue observar.
- Alguém cujo nome você não sabe.

Quando examinamos nossas ideias sobre *desconhecido*, a noção de que um estranho é alguém de quem se deve ter medo muitas vezes não se sustenta, sendo atribuída ao ensinamento da infância de que "desconhecido = perigo" ou algo extraído da mídia, contradizendo nossas experiências de vida. Quem consideramos como estranho é uma questão particular. Ela também é definida pela cultura e pela história. As formas como interagimos com estranhos – e nossas próprias ideias sobre quem eles são – podem mudar em resposta a fatos importantes. Durante grandes rupturas em nossa vida, tempestades, enchentes, apagões, greves nos transportes, suspendemos nossas expectativas usuais e colocamos o nosso senso de comunidade acima do medo. Até mesmo os frequentes ataques terroristas perpetrados por fundamentalistas islâmicos no mundo todo aumentaram a nossa suspeita com relação a estranhos – e alimentaram pressuposições ilógicas e sem fundamento sobre o *tipo* de estranho que representa uma ameaça.

Nossos conceitos de estranhos e como nos comportamos em relação a eles também variam conforme a situação. Está escuro, estou sozinha, estou em território familiar, estou perdido, estou em minoria neste lugar?

Quem é considerado estranho? Quem podemos cumprimentar? Quem devemos evitar? Minha filha de 4 anos me obriga a fazer essas perguntas constantemente. Minha família vive na cidade, em um bairro com quadras residenciais e ruas comerciais que se cruzam. Enquanto minha filha e eu caminhamos pelo bairro, observo-a categorizando os vizinhos.

Digo "oi" para a maioria das pessoas, e ela quer saber por quê. "Eles são nossos amigos?", ela pergunta. "Não, são só vizinhos" poderia ser a resposta quando se trata de alguém que você vê com frequência ou pessoas que estão caminhando perto de casa. "Nós os conhecemos?" "Não, nós não conhecemos." "Então por que você disse 'oi'?" "É bom ser gentil." Penso duas vezes antes de dizer isso, apesar de ser o que tenho em mente. Sendo mulher, sei muito bem que nem todos os estranhos na rua têm intenções nobres. É bom ser gentil, e é bom aprender quando não ser. Mas isso não significa que devemos ter medo.

Nosso apartamento fica perto de um centro de reabilitação, e algumas das pessoas que vivem lá são casos difíceis, aparentemente um pouco "fora do ar" de uma forma ou de outra. Elas podem estar vestidas com roupas muito velhas ou por lavar, ou comportando-se às vezes como se estivessem chapadas. A fala ou a linguagem corporal me deixa em alerta para ver se o comportamento é inofensivo ou não. Sinto um grau variado de desconforto nessas situações, e quero que minha filha perceba que faço escolhas – e aprenda a fazer as dela – sobre quem eu cumprimento e como evito interagir com alguém que acredito que possa ser imprevisível ou desagradável. Quero que ela entenda uma distinção essencial em um mundo de estranhos: imprevisível e desagradável não são, por definição, perigosos.

Em nosso caminho até a escola, certa manhã, havia um homem no meio do quarteirão pelo qual passávamos com frequência, e ele estava gritando furiosamente, batendo os pés e agitando os braços. Disse para minha filha: "Vamos pelo outro lado". Ela perguntou: "Por que não podemos ir por este lado, ele não é nosso vizinho?" Uma vez feita a pergunta, ela envolve muitas outras. Tive que pensar no que me inquietava e se isso estava baseado ou não em intuição válida ou em preconceito para o qual estou cega. Naquele dia, respondi: "Esse homem parece estar muito aborrecido e não quero chegar muito perto dele". "Por que ele está aborrecido?", ela perguntou. "Não sei o que o está aborrecendo, mas posso afirmar, pelo jeito que ele está gritando e pelo que ele está fazendo com o corpo, que eu não quero chegar perto dele agora." Observei como ela assimilava isso. Eu tinha evitado a armadilha de dizer: "Ele está agindo como louco", embora fosse isso que eu teria dito para um adulto. Eu não estava sendo delicada com minha escolha de palavras, estava mesmo evitando uma enxurrada de perguntas a que eu não estava preparada para responder naquela esquina. O que é *louco*? Como ele ficou assim? Ele está sempre louco? Como sei se alguém está louco?

Para mim era importante que ela aprendesse a perceber e não que aprendesse a nomear ou categorizar.

É uma batalha difícil, porque categorizar é algo que os cérebros humanos fazem. Categorizamos as pessoas como um atalho para entendê-las. Vemos pessoas jovens, velhas, negras, brancas, homens, mulheres, estranhas, amigas e usamos as informações que armazenamos naquela caixa, a caixa etiquetada como VELHA ou MULHER ou ESTRANHA para defini-las. Às vezes, é o máximo que conseguimos fazer, mas isso gera uma terrível falta de conhecimento em nível individual.

A categorização e seus filhos malignos, os estereótipos, são aprendidos em casa, na escola, na rua. Essa forma que temos de ver os outros também tem raízes profundas na história humana. O argumento contundente apresentado por alguns acadêmicos (e supersimplificado pela mídia) diz que fomos programados para isso no início da evolução humana, quando ter um senso forte de "nós e eles" ajudava os humanos, em um ambiente extremamente pobre em recursos, a escolher quem ajudar e quem excluir para que o grupo tivesse maior chance de sobrevivência. Em outras palavras, o medo e o preconceito já foram úteis. Pode até ser verdade que já fomos dependentes de manter nossos grupos fechados. Mas lance o olhar de maior suspeita para teorias que afirmam termos sido programados para alguma coisa. Alguém pode estar usando uma ideia como uma marreta. Essa palavra tenta dizer que existe algo que não se pode mudar. O fato de o pensamento "nós e eles" ter raízes profundas na história humana não significa que ele seja natural ou aceitável. Ele não significa que o preconceito é inevitável e imutável, ou que o instinto de defesa e o medo devem continuar nos guiando.

Não há dúvida: temos que escolher em quem confiar. O mundo está cheio de perigos e alguns surgem na forma de um rosto desconhecido. Temos que navegar nesse mundo com segurança de algum jeito. Podemos fazer essas escolhas com atenção e elegância. Se não o fizermos, nós nos encontraremos em mundo unidimensional, privado de conexões humanas honestas e de interrupções que nos despertam.

Nada disso é fácil. Aprender a enxergar de verdade alguém que você nunca viu é difícil. Encaixar as pessoas em categorias é um atalho fácil que seguimos com excessiva frequência. Confiar na sua percepção – dando atenção especial ao que os seus sentidos lhe dizem sem tirar conclusões precipitadas – custa tempo e esforço. Não se trata de um ato reflexo, mas de uma competência a ser aprendida. Você pode praticá-la em lugares de baixo risco. Dê um passeio no parque, durante o dia, e olhe para as pessoas ao seu redor. O que você vê? O que o deixa à vontade e o que o deixa apreensivo? Quem você considera um estranho?

Seja lá o que for que você encontre, e independentemente de onde você ache que isso venha, uma coisa é certa: estamos rodeados de indivíduos, e não de categorias. Há aventuras a serem vividas aqui, aventuras que você pode determinar para cada dia da sua vida. Entender de fato como você divide o mundo, usar seus sentidos para escolher quem tornar familiar, e parar e dizer "oi" a um desconhecido, essas atitudes arrojadas podem transformar sua experiência emocional do mundo público. E você pode transformar o mundo público enquanto transforma a si mesmo.

2 Intimidade efêmera

No mínimo, trata-se do seguinte: falar com desconhecidos é bom para você. Conversar com um estranho é também uma ótima interrupção daquilo que você espera que aconteça quando caminha na rua, pega um ônibus, faz compras na mercearia, visita um museu, passeia no parque ou espera por muito tempo em uma fila. Quando alguma coisa inesperada acontece, ela chama sua atenção, leva sua consciência para o mundo externo. Você *desperta*. Quando interage com um desconhecido, você não fica no seu mundo interior, você sai do piloto automático. Você está no momento presente. E estar presente é sentir-se vivo.

Você também fica *conectado*. As conversas com estranhos atendem a uma necessidade essencial que você acredita que só pode ser atendida por pessoas que já conhece.

O nome dessa necessidade é *intimidade*. Quando as pessoas não têm os ingredientes da intimidade na sua vida – um senso de conexão, de pertencimento a alguma forma de comunidade, de proximidade com os outros –, elas sofrem. Os relacionamentos que normalmente chamamos de íntimos são com a família, os amigos, ligações românticas, mentores e confessores. São as pessoas que conhecemos tão bem como nós mesmos, as pessoas que vemos com frequência e de quem sentimos falta quando partem, as pessoas que nos fazem sentir em casa. Esse tipo de proximidade é um fio tenso que nos vincula ao longo do tempo.

Mas a necessidade de intimidade lança uma rede maior do que você pode imaginar. Há outro tipo de relacionamento íntimo, que nos mantém ligados em um momento efêmero e então se desfaz. Sua natureza breve e limitada não diminui em nada a realidade na qual um momento íntimo foi compartilhado: sem defesas, com honestidade, com ecos interiores significativos. É a intimidade da rua. Você a encontrará, se tiver sorte, ao conversar com estranhos.

Se a intimidade é privada, a intimidade na rua é pública. É um aceno de reconhecimento trocado na calçada, uma troca de olhares ou um rápido "oi" quando você se senta ao lado de alguém no metrô, um amigável "pode ir com calma" para a última pessoa que sai do elevador antes de você. Você encontra-a em todos os lugares nos quais pessoas que não se conhecem cruzam os seus caminhos.

Trinta anos atrás, uma amiga minha estava em um trem parado na estação, olhando pela porta. Outro trem se aproximou e também parou na plataforma. Ela trocou olhares com um homem que estava no outro trem enquanto os dois trens permaneciam parados. Quando as portas se fecharam, eles acenaram. A interação foi tão comovente para ela que não pôde ser esquecida até hoje. Para ela, foi um momento real e agradável de conexão com um estranho. Eles não precisavam se conhecer. Serem seres humanos já bastava.

Observe que não é preciso muito. Um olhar compartilhado ou uma troca que parece superficial, ou uma conversa

inconsequente podem trazer alegria ou ficar gravadas na sua memória. O que aconteceu foi que sua existência como pessoa foi notada e mereceu uma interação. Você foi visto.

As frases ritualísticas que dizemos ao passar pelos outros e que, na verdade, não significam muito, do tipo "Tudo bem?", "Bom dia", "Que dia bonito!", "Vai com Deus", "Como tem passado?", "E aí?", "Fala, velho!", são conhecidas pelos linguistas como comunicação fática. São coisas que dizemos, mas têm pouco valor semântico – não estamos de fato comunicando algo factual ou necessário. O que elas possuem é um enorme valor social. Essas palavras significativas e sem sentido são usadas entre estranhos e também entre pessoas próximas de nós. O que queremos dizer quando usamos essas expressões é: eu vejo você aí, oi. Esses meros reconhecimentos transmitem prazer e união. Nós não queremos uma resposta verdadeira; estamos reafirmando a existência do outro – e isso não é pouco.

Você pode optar por transformar esses reconhecimentos simples em um hábito, e essa escolha pode transformá-lo. Quando pesquisadores pediram a um grupo de clientes da Starbucks que conversasse com o barista como se fosse um conhecido e a outro que não falasse com ele, aqueles que conversaram saíram com sentimentos positivos. Da mesma forma, foi pedido a passageiros de um trem que conversassem (ou não) com estranhos, e também a pessoas que estavam na sala de espera de um laboratório de psicologia experimental onde elas acreditavam estar em um limbo, aguardando o início de um experimento. Os resultados desses estudos demonstraram aos pesquisadores que, em geral, as pessoas se sentem bem quando conversam com estranhos – *mesmo se esse resultado não for o esperado*. Pense em como isso é extraordinário: esses contatos efêmeros, que acadêmicos chamam de "interações sociais mínimas", nos deixam com um sentimento real de conexão que contribui de fato para atender à necessidade humana de sociabilidade.

É Dia dos Namorados, e o metrô está lotado de gente que parece estar triste ou alegre; ninguém está indiferente. Sento-me espremida ao lado de um rapaz baixo e rechonchudo, com olhos de corça e cabeça raspada. Ele se afasta um pouco, mas ainda assim ocupa metade do meu assento.

"Desculpe", diz ele com voz gentilíssima. "Vou descer na próxima parada e estou me sentindo muito desconfortável, por isso estou sentado assim, todo esparramado."

"Tudo bem", digo. "Tem espaço suficiente para mim." Viro-me e olho-o nos olhos. Sorrio. Tudo bem mesmo. Por algum motivo, quero que ele saiba disso.

Ele me olha por um instante. "Sabe, não tenho namorada, e não tem problema. Na minha idade, percebo que o amor é a minha namorada. Só o amor. Você pode compartilhar o amor com sua família, sua tia, seu irmão, seu bicho de estimação, seu primo, você pode compartilhá-lo com todo mundo."

"Você pode compartilhar o meu assento", digo.

"Viu, é bonito, certo? Feliz Dia dos Namorados", ele diz, levantando-se quando o trem diminui de velocidade no caminho da estação.

• • •

A pele do *eu*

Da mesma forma que as cidades são veículos de chances de conexões em momentos passageiros, elas também estão cheias de barulho, tensão e multidões, de insultos e ofensas, de pessoas que não veem as outras. A intimidade da rua é especial justamente porque é inesperada e está distante do automático. Os moradores das cidades não estão preparados para ela. Quando você passa pela porta, você veste o casaco e assim cobre a sua vida interior com um escudo protetor. É uma fronteira fina, invisível, que mantém as partes frágeis do seu *eu* protegidas de quem você não conhece. Sem ela, a vulnerabilidade fica grande demais. Só porque alguém está perto de você, ou interagindo com você por necessidade, não significa que você deve a essa pessoa acesso à sua vida interior. Temos desejos contraditórios. Queremos ser vistos e não queremos ser vistos. Queremos ser conhecidos e não queremos ser conhecidos. Em toda interação, a largura dessa fronteira é negociada inúmeras vezes. Nós a fechamos e abrimos, fechamos e abrimos.

Às vezes, quando você fala com um estranho, parece que obteve mais do que uma dose de conversa-fiada, que você alcançou um lampejo real daquela vida interior. E parte do prazer é obter aquela fagulha. A fachada que apresentamos aos estranhos é uma membrana delicada que às vezes pode ser perfurada e às vezes, não. E às vezes, ao tentar, você consegue de alguma maneira.

Venho aqui alguns dias da semana, sempre de manhã. O balconista me conhece. Hoje, estou esperando o pão e meu telefone toca. Minha conversa é rápida, logística, sem fôlego, e desligo. O balconista olha para mim e pergunta como estou indo.

Decido ser honesta, já que ele presenciou a agitação ao telefone. "Estou um pouco aborrecida", digo. "Como você está?"

"Tudo bem, obrigado", ele diz, e olha pela janela.

Aguardo até a atenção dele voltar para mim. "Você me diria, se não estivesse bem?"

Ele fica confuso. "Comigo tudo bem", ele diz novamente, sorrindo.

"Eu sei, mas, se você não estivesse bem, você teria dito para mim?"

Ele ri. É uma risada que já ouvi, aquela que ele reserva para vizinhos, os residentes mal-ajambrados e sem dinheiro do centro de reabilitação na outra rua que contam os centavos para o café. "Claro que não", ele diz, ainda sorrindo. "Eu não falaria uma coisa dessas."

Isso começou com um ritual de cumprimentos. Quebrei as regras e abri espaço para ser reconhecida. Tentei ir além da superfície de seu diálogo rotineiro e chegar a algo mais profundo, e ao se recusar a fazê-lo o balconista mesmo assim mostrou-me algo. Seus limites, sua privacidade, a pele em que ele se envolve para falar com estranhos o dia todo. Ele me mostrou que não me devia acesso aos seus sentimentos só porque eu havia pedido.

• • •

O sentimento geral.

Escuta

Certa vez passei uma temporada de corrida de cavalos entrevistando apostadores antigos no hipódromo de Miami. Entre as corridas, um dos homens coloca a mão sobre a minha e me agradece. Ele me disse que seus netos não queriam nem ouvir falar dessas histórias. Ele me falou sobre golpes e vigaristas, sobre como ler a tabela de apostas e sobre os gângsteres impressionantes e suas filhas, de quem ele tomava conta. Histórias fantásticas, engraçadas, ilícitas, autoincriminadoras, automitificadoras e contadas com habilidade. Não fiz quase nada para consegui-las. Ele trouxe outro apostador idoso para falar comigo. "Ela parece uma esponja, quer saber de tudo", disse ele ao homem. Foi só isso. Sentei-me, quieta. Só olhava para o rosto dele. E ouvia. Acontece que as pessoas não escutam muito as outras. Quando a pessoa sente que está sendo ouvida, não consegue parar de falar.

"Falar com estranhos é basicamente o motivo pelo qual mudei para a cidade de Nova York. Faço isso o tempo todo", disse-me um jovem em um café quando eu estava escrevendo este livro. Ele viera de uma cidade sofisticada mas pequena do Meio-Oeste havia um ano. "Quero dar a mim mesmo a oportunidade de me surpreender." Perguntei-lhe como eram as suas interações. "São sempre sobre contar histórias. Sobre contar as minhas, às vezes. E ouvir as dos outros." Compartilhamos um aceno de cabeça conspiratório, nós, que nunca nos veríamos de novo.

No rádio, estava sendo transmitido um talk show *divertido. Um novo estudo afirma que homens que beijam as esposas todos os dias vivem cinco anos a mais do que aqueles que não o fazem.*

O motorista me diz: "Eu beijaria minha mulher todos os dias se ela deixasse!" Ele dá uma risada suave. Um homem baixo, encorujado contra o frio. Ele leva a mão ao queixo. "Na verdade, hoje cedo eu disse que seria a última chance de ela beijar meu queixo macio até o verão. Vou deixar a barba crescer para me esquentar. Nunca usei barba, mas preciso fazer alguma coisa. Fico congelado nesses carros."

"Ela te beijou?"

"Beijou, ela é uma boa menina, a minha mulher. Não poderíamos ser mais diferentes. Ela lê livros o tempo todo. Eu nem pego esse tipo de coisa. Nem fiz o ensino médio, mas de algum jeito nos entendemos muito bem."

Estamos seguindo ao lado do rio, o tráfego está lento. "Eu a conheci no carro. Uma passageira. Ela tomou o táxi no hospital e conversamos tanto que me esqueci para onde deveria levá-la! Ela disse que não tinha problema. Tomamos café da manhã nos dias seguintes e então ela veio morar comigo. Oito anos."

"Cresci ali", diz ele, apontando para os prédios de um conjunto habitacional do outro lado do rio. "Comecei vendendo drogas quando tinha 12 anos. Vou te contar, as drogas me deram uma vida boa. Eu tinha dinheiro. Viajei pelo mundo todo. Fui para lugares de que nem me lembro, mas as pessoas me disseram que estive lá."

"Então tive que ficar limpo. Meu tempo acabou. E aqui estou." Então ele fez uma pausa. Eu não sabia se haveria algo mais. "Estou indo bem. Eu trabalho, as pessoas trabalham."

Isso parece triste nesta página, mas não é, e ele não está triste. Ele está dando aquela risada suave. Mais tarde, descubro que ele está morrendo aos poucos devido ao que você esperaria do tipo de vida que ele revelou. É o fígado, diz ele, e não o coração.

Nos últimos anos, estudos sociológicos e psicológicos sobre a qualidade da comunicação entre amigos ou casais em comparação com a qualidade com que estranhos se comunicam têm sido divulgados na mídia com grande lamento. Segundo interpretações, esses estudos mostram como as pessoas próximas se comunicam mal e sugerem que alguma mudança cultural vem diluindo nossos vínculos de intimidade e trazendo frieza para nossa vida familiar. Mas, para mim, esses estudos passam ao largo da questão. Eles demonstram como são significativas e íntimas as nossas interações com estranhos. Essa forma especial de proximidade é algo de que precisamos, tanto quanto necessitamos dos nossos amigos e familiares. Comunicamo-nos emocionalmente com nossos parceiros porque estamos perto deles, procuramos entendê-los e ser entendidos. Mas também estamos sujeitos ao "viés de proximidade". Achamos que nossos parceiros já sabem o queremos dizer, que eles podem ler nossa mente, pelo menos em parte, e desejamos isso. Podemos nos comunicar emocionalmente de forma mais fluida com estranhos porque *não* pressupomos que eles já sabem o que queremos dizer. Com alguém que não conhecemos, temos que começar do princípio. Temos que explicar tudo. Contamos a história, explicamos quem são os participantes, como nos sentimos em relação a eles, explicamos todas as piadas particulares. E adivinhe: às vezes os desconhecidos nos entendem melhor.

Também não temos nada a perder quando falamos com estranhos sobre nossos sentimentos, opiniões, segredos e histórias. Podemos ser vulneráveis e falar abertamente, sem consequências. Se o estranho fizer mal juízo de nós, ficar chocado ou discordar, não importa. Um desconhecido pode ouvir falar dos nossos sentimentos sem ter que lidar com isso depois.

E é nesse ponto que isso fica ainda mais interessante. Se um estranho nos ouve falar dos nossos sentimentos, ele também fica mais propenso a se abrir. A vulnerabilidade e a revelação – o compartilhamento de fatos, opiniões, relatos e emoções que criam e aprofundam nossos vínculos com as outras pessoas – têm a sua lógica especial própria, uma lógica de reciprocidade. Um estudo recente explorou os limites dessa dinâmica e concluiu que "revelação gera revelação". Se você compartilhar informações meramente factuais com alguém, esse mecanismo não será ativado, mas, se você falar sobre sentimentos íntimos, convicções firmes, sobre paixões pouco exploradas, haverá uma incrível reciprocidade. Isso faz sentido quando você está com amigos, familiares e parceiros. Você compartilha, eles compartilham. Mas isso funciona exatamente da mesma maneira entre desconhecidos. Se você já vivenciou uma empatia imediata e inesperada em uma conversa com um estranho, a lógica da revelação está funcionando.

A empatia emocional fácil também pode começar com o corpo. As pessoas em geral tendem a imitar as outras sem perceber, e o fazem mais quando estão querendo agradar. Tornou-se parte da sabedoria do namoro que, quando as pessoas gostam uma da outra, elas tendem inconscientemente a imitar ou a alinhar suas posturas, movimentos corporais, gestos e expressões vocais. Na paquera, esteja ou não ciente disso, você tenta coordenar seu corpo dessa forma, em um esforço para agradar. Ao recusar o flerte, você garante que seu corpo não esteja em sincronia, para deixar clara sua falta de interesse.

Experimentos demonstraram que esse tipo de imitação comunica (ou pode ser manipulada para comunicar) nossa distância social desejada em uma interação. Mais imitação transmite nosso desejo de maior proximidade e vice-versa. Pesquisadores chamam esses movimentos e ritmos corporais miméticos, e gestos e vozes sincronizados, de "empatia corporal". Quando as pessoas sentem empatia corporal, ela não apenas faz com que gostem uma da outra, ela gera compaixão, cooperação, ligação, apoio emocional, satisfação e até elevação dos limites para a dor, segundo alguns estudos de psicologia. A empatia corporal também leva as pessoas a se sentirem à vontade para fazer revelações.

Não me refiro apenas a situações românticas. A abertura recíproca inesperada criada pela evidência do corpo é igualmente poderosa entre estranhos em situações nada românticas. O resumo de uma pesquisa para ajudar o pessoal de segurança pública a construir e manter empatia em seus interrogatórios detalhou como a imitação não verbal e a autorrevelação por parte dos policiais resultaram em mais informações, mais confiança e cooperação dos suspeitos. Comportamentos não verbais, como o contato visual, a inclinação em direção à fonte de informações e a imitação, criam a empatia física que facilita a abertura, enquanto a autorrevelação por parte dos investigadores extraiu revelações recíprocas das fontes.

Outro estudo demonstrou o quanto a sincronia física leva à empatia corporal e à autorrevelação entre estranhos. Metade de um grupo de pares do mesmo sexo recebeu uma versão resumida do que agora é bem conhecido como "as 36 perguntas" que podem induzir as pessoas a se apaixonarem, criadas pelo psicólogo pesquisador Arthur Aron. O grupo de controle trabalhou em conjunto na edição do documento. Observadores treinados classificaram o grau de sincronia corporal e de imitação em cada interação e os participantes responderam a perguntas sobre suas emoções e sentimentos positivos em termos de empatia incorporada. Eles classificaram sentimentos como proximidade ou confiança, e também aspectos como a ocorrência ou não de um "fluxo compartilhado de pensamentos e sentimentos". E o resultado foi: quanto maior a sincronia física, mais significativas as revelações e a empatia entre os participantes.

Sei de tudo isso e ainda me surpreendo. Quando entrevisto pessoas, dedico-me intencionalmente à imitação corporal. Entrevistas são uma forma de sedução, no final das contas. Alinho os ombros, mudo de posição quando os entrevistados fazem isso, falo na mesma velocidade que eles. As pessoas se abrem. Elas me contam seus segredos. E então, inevitavelmente, sem intenção, acabo compartilhando sentimentos para os quais ainda não havia encontrado palavras, ou detalhes sobre minha vida que poucos dos meus amigos conhecem. E então elas se abrem ainda mais comigo.

• • •

Vizinhos

Se você mora em um lugar durante algum tempo, começa a reconhecer os seus vizinhos, e a intimidade de calçada que você compartilha faz parte do que torna esse lugar a sua casa. As pessoas mantêm fronteiras com os vizinhos de forma inconsciente, para preservar um senso de privacidade e distância social em áreas densamente povoadas. Na rua, formamos vínculos casuais e agradáveis com alguns dos nossos vizinhos, a quem conhecemos e pelos quais somos reconhecidos. Ficamos ancorados a lugares pelas pessoas que conhecemos, pela concatenação de pequenas transações humanas que ali acontecem. Trata-se de necessidades humanas profundas, atendidas pelas pessoas de quem somos íntimos, o que às vezes inclui aqueles que são estranhos. Elas também são atendidas pelos moradores da vizinhança.

Durante cinco anos, morei sozinha em um apartamento em um bloco de um amigável conjunto de edifícios e casas pequenas de classe média e diversidade de raças, cercado por um conjunto habitacional. As pessoas ficavam o tempo todo sentadas nas varandas e apoiadas nos portões dos seus minúsculos gramados. Elas arrancavam ervas daninhas e lavavam carros, iam até a loja da esquina e voltavam. Elas ficavam um bom tempo na rua e conversavam com outras pessoas.

"Alô, você", é como meu vizinho, um ex-bombeiro, me cumprimenta quando passo por ele hoje, mas já faz anos que somos estranhos. Eu sei da queda que lhe danificou a perna e dos pinos no joelho que precisam ser trocados. Sei onde ele cresceu, e que o seu irmão vive do outro lado do rio. Admiro o Lincoln vermelho-vivo que ele guarda para o inverno, e ajudei-o uma vez com o sedã preto simples, quando ele sentia dor no joelho. Sei que

no ensino médio ele participava de corridas de cross country. *Ele me repreende nos dias quentes, quando não me vê com roupas de corrida, e me recomenda fazer alongamentos quando chego em casa transpirando.*

Hoje contei a ele que vou me mudar. "Não é longe, você continua no bairro", me respondeu. Ele me cumprimentou com um aperto de mãos depois de todos esses anos e disse: "Boa sorte".

"Passarei aqui para visitá-lo algum dia", digo. É algo que você diz para alguém que talvez você não veja nunca mais, e nem sei qual é a casa dele se eu resolvesse tocar a campainha. Trata-se da intimidade da rua, percebo, e em um único aperto de mãos vi as fronteiras se cristalizarem.

Eu de fato passei pelo conjunto habitacional algumas vezes no ano depois que me mudei, mas nunca encontrei o ex-bombeiro de novo. Outro dia, eu estava na pizzaria com minha menininha e ela começou a dançar e imitar alguém que estava atrás de mim. Virei-me e demorei um minuto para identificar o rosto amável e sorridente. "Como vai?", ele perguntou. "Lembra de mim?" É claro que eu me lembrava, depois de meu foco de consciência ter retornado ao quarteirão de onde eu saíra anos antes. Apresentei-o à minha filha como um velho amigo, e senti que eram palavras erradas, mas não consegui pensar em nada melhor. Eu havia esquecido como a risada dele era calorosa e reverberante. O conjunto habitacional passara por melhorias e ele tinha vendido sua casa e mudado para o litoral.

Escrevi este livro, de certa forma, para contar por que esses momentos me fizeram cada vez mais feliz – por que adorei apresentar minha filha a um homem de cujo nome eu nem me lembrava e chamá-lo de meu amigo.

• • •

Estranhos sem corpos

As pessoas que criam tecnologia estão, há muito tempo, tentando conectar estranhos em espaços públicos temporários nos quais entramos quando utilizamos certas comunidades *on-line*, redes sociais, aplicativos, redes ou jogos – e fica claro que é muito difícil. Excluindo-se os *sites* e aplicativos de namoro, porque são desenvolvidos para fins específicos, com protocolos de comunicação claros, não vejo isso funcionando muito bem. Projetos públicos de "*sites* específicos" que colocam a comunicação tecnológica no mundo físico às vezes dão certo, como o Branch Out, criado por alguns dos meus ex-alunos, que instalaram dois objetos altos em forma de tronco em lados opostos de um parque que permitem que as pessoas conversem como se estivessem com alto-falantes.

Acredito que os motivos que levam aos fracos resultados dessas tentativas é que estas excluem um dos aspectos mais interessantes das interações com estranhos: o fato de que elas acontecem inesperadamente. Parte da diversão de falar com estranhos é o fator surpresa. No espaço físico, você também balança em seu próprio pêndulo a respeito da profundidade da interação, desde um olhar afirmativo até uma conexão emocional. Esses prazeres são difíceis de serem reproduzidos sem corpos.

Um dos poucos bons resultados que vi – e um dos meus favoritos – foi o Chatroulette. Funcionava assim. Você ligava sua *webcam* e o sistema fazia a conexão com outra pessoa. Durante a conversa, havia a opção de utilizar microfone ou só teclar, ou ambos. Você e a outra pessoa tinham a possibilidade de encerrar a comunicação. Nesse caso, vocês poderiam obter uma nova conexão. No início, havia muito menos exibicionistas e usuários assustadores do que seria esperado, e foi nessa época que conheci o *chat*. A primeira pessoa que o sistema me ofereceu foi um jovem em sua sala de estar e permanecemos conectados. Eu não me sentia à vontade, mas estava terrivelmente curiosa. Disse a ele que estava fazendo uma pesquisa. Foi uma evasiva emocional, mas honesta. Ele me contou que havia usado o *chat* algumas vezes, achava-o fascinante e tinha mantido conversas interessantes. Ele me disse em que cidade estava. Perguntei-lhe se já havia trocado informações para contato com alguém, ou se o faria. Ele disse que não, mas que poderia fazê-lo. Ele desejou boa sorte no meu projeto e nos despedimos. E foi isso – foi-se, e nunca mais foi visto.

Um prazer maravilhoso e não intencional do Chatroulette era ver os ambientes em que as pessoas estavam, quartos, salas de estar, escritórios, anônimos, decorados, às vezes escuros. Mesmo quando as conversas não eram profundas, ver o interior da casa das pessoas me dava a impressão de enxergar dentro da vida delas. Se eu conversava com as pessoas pelo tempo suficiente, muitas vezes elas pegavam o *notebook* nas mãos e faziam um *tour* pela casa. Os adolescentes tendiam a usar o Chatroulette em grupos. Uma vez, uma turma de garotos estranhos parou e olhou para mim por um momento. "Oi", gritou um deles, "você deve ter 40 anos! O que está fazendo aqui?" Então eles deram uma gargalhada e cortaram a conexão. A pessoa mais interessante com quem conversei foi um jovem programador na Ucrânia. Ele disse que seu trabalho era muito solitário e que ele gostava de usar o Chatroulette para conectar-se com as pessoas de vez em quando, para fazer uma pausa. Ele me contou que, certa vez, conversou com um representante de serviços na Índia, e os dois acabaram deixando a conexão aberta durante todo o horário de trabalho do representante, só para terem companhia, sem conversar, como se estivessem na mesma sala.

Outras abordagens tecnológicas para criar um caminho equivalente de intimidade utilizam a tecnologia para gerar interações pessoais no espaço físico. Aplicativos aparecem e desaparecem (ou começam como alfa e buscam financiamento), tentando criar "Tinder para estranhos na sala com você", nada românticos. Eles não dão certo por vários motivos, um dos quais é que não conseguem criar interações divertidas e inesperadas. O aplicativo Somebody (agora "falecido"), de Miranda July, foi o único que chegou perto. O aplicativo adotou um método divertido para criar momentos interativos entre estranhos. O pressuposto era que você podia enviar uma mensagem para outra pessoa por um intermediário. A mensagem tinha que chegar até o destinatário e ser lida, inclusive com quaisquer gestos solicitados. O mensageiro escolhido primeiro tinha que aceitar a missão, e o destinatário então precisava dizer que era uma boa hora para recebê-la. Nem sempre funcionava. A densidade humana das cidades torna provável que haja outro usuário perto do seu amigo. Há também uma densidade de objetivos nas cidades – prazos e cronogramas, segundos empregos e incumbências prosaicas, negócios constantes e pouca folga –, o que torna menos provável que as pessoas consigam parar por alguns minutos o que estão fazendo para entregar uma mensagem. Nunca tive uma mensagem transmitida, mas no ano passado entreguei uma. Desviei-me por cerca de dez minutos do meu caminho até um restaurante e encontrei meu alvo. Ele havia avisado aos garçons que aguardassem alguém que viria procurá-lo. Fui até sua mesa, coloquei minha bolsa pesada em uma das cadeiras e fiz a minha parte. Todos ficaram me olhando. Ele e seu colega de mesa riram e aplaudiram. O mais difícil foi saber o que fazer depois que o recado tinha sido dado. O jantar ainda não havia chegado. Nós três nos olhamos de maneira afetuosa. Depois de um minuto estranho, eu disse: "Certo, tudo bem!", e saí do restaurante. Adorei aquele momento alegremente estranho. O desconforto sempre mostra um lado honesto. Éramos apenas três seres humanos compartilhando um momento muito esquisito. Meu companheiro havia parado na entrada e observado toda a situação. Ele disse: "Você estava pronta para se sentar e jantar com eles, não estava?" Eu estava mesmo. Foi estranho e maravilhoso.

    Nem todos pensariam assim. Quando conto para pessoas que se identificam como introvertidas a respeito do meu trabalho sobre interações com estranhos e da ideia de que ele é prazeroso, há uma resposta comum que antes me surpreendia, até que ela se tornou tão frequente que não a estranho mais. Eis uma combinação do que costumo ouvir: "Tenho muita dificuldade em falar com as pessoas em situações sociais, quando esperam que eu o faça. Mas gosto mesmo é de falar com pessoas que estão por aí, ou andando com o cachorro, ou trabalhando em um lugar público, de perguntar o que elas estão fazendo, descobrir o que elas sabem sobre o mundo e que eu não sei, ou só dizer 'oi'". Essa contradição nas experiências tende a ser expressa como um mistério que os introvertidos ficam tentando resolver.

Ela faz todo sentido se reconhecermos que são duas situações sociais totalmente diferentes, e o tipo de interação de que os introvertidos gostam é aquele que acontece uma vez só. Você não verá aquela pessoa de novo, e, mesmo se isso acontecer, não precisará retomar a conversa ou aumentar a conexão. Você não precisa se preocupar com o que ela pode pensar. Você tem controle absoluto sobre o término da interação – você pode se afastar a qualquer momento. Você participa da conversa, em primeiro lugar, por curiosidade. E gosta disso porque é um prazer que está separado de conversas que formam um relacionamento, de conversas com expectativas, com rituais, com efeitos possivelmente duradouros. O que você está fazendo é socializar-se de forma diferente.

É noite de lua cheia e um amigo me envia uma mensagem dizendo para eu sair e vê-la. Saio e, lá embaixo na varanda, aguardo e olho para o céu. Tiro uma foto, assim como todo mundo. Uma mulher com um belo cabelo cacheado está subindo a rua com o cachorro. Ele para a poucas portas da minha e se vira. Ela também tira uma foto.

"Está bonita", digo, o cachorro começa a puxá-la e ela se vira para trás, caminhando em minha direção. Ela acaba me contando como quase não saía à noite até adotar o cachorro.

"Eu via todas as fotos dos meus amigos, essa lua, aquele pôr do sol, e pensava: 'Nossa, perdi isso, de novo'. Mas agora", ela disse, balançando a coleira, "eu saio com este cachorro. Achei-o em julho. Agora saio toda noite."

3 Um mundo feito de desconhecidos

Então existe prazer em conversar com um estranho, acontece um lampejo de conexão. Procurar por essas experiências não muda apenas nossas experiências diárias, elas podem também ter um efeito no mundo político mais amplo, liberando-nos do medo e conduzindo-nos para a abertura, a cooperação e o entendimento genuíno.

Paira sobre as ruas uma tremenda ansiedade cultural sobre estranhos perigosos. Estou falando aqui de ideias, espectros, estatísticas de jornal, tramas de filmes e romances, experiências individuais que ocupam espaços em nós, e do modo como tudo isso flui para conversas públicas.

Toda essa ansiedade não surge do nada. Do ponto de vista histórico, estranhos reais e imaginários são figuras que incorporam perigos e possibilidades simultaneamente. Durante a maior parte da história pré-industrial, a maioria das pessoas não vivia em cidades e, portanto, tinha poucos motivos para encontrar pessoas estranhas. As pessoas cruzavam com estranhos nas feiras e nas estradas. Nos locais em que bons negócios e oportunidades de falcatruas eram igualmente possíveis, o perigo estava em nosso bolso. Nas rotas usadas por comerciantes e viajantes, bandidos e salteadores ficavam à espreita, enquanto a sorte de encontrar abrigo seguro com estranhos, bem como conselhos sábios deles, era igualmente possível. A chegada de um viajante desconhecido a um vilarejo era um grande acontecimento e exigia uma negociação delicada. Ele precisava ser alimentado e hospedado, sem que se soubesse o que viria daí. Ele poderia ser uma pessoa honesta e trazer boa sorte, comprar mercadorias ou ser portador de notícias. Ele poderia ser ladrão. Ou fingir que era outra pessoa. Você vê essas dualidades destiladas nos contos de fadas da Europa. Impostores, bandidos, velhinhas suspeitas, o Lobo Mau na estrada. E há as histórias dos humildes filhos mais novos que saem em busca de seu destino. No caminho, repartem sua comida escassa com um estranho, e esse estranho sempre lhes oferece coisas como a capa da invisibilidade e segredos da vitória, símbolos mágicos que os ajudam a triunfar.

Sigamos em frente rumo à Primeira e à Segunda Revolução Industrial. Quando as cidades começaram a se expandir e ficar lotadas de fábricas, as coisas mudaram. Fluxos de pessoas vinham do campo para fornecer às fábricas mão de obra disponível, e o problema de disponibilidade tornou-se constante e urgente. Para a classe média urbana, para os novos trabalhadores urbanos, havia questões novas. Como podemos dizer quem são essas pessoas e como podemos saber se são confiáveis? Como nos comportamos diante delas? E mais tarde, nos anos de 1920, as mulheres apareciam regularmente nos espaços públicos, acrescentando uma nova esfera de confusão ao modo como as pessoas tentavam "ler" as outras nas ruas.

Essas histórias vivem dentro de nós. Conhecemos os contos populares e sabemos que tudo pode acontecer. Ainda somos inábeis, na melhor das hipóteses, ao tentar entender as pessoas que não são como nós. Desconfiamos, às vezes com toda a razão. Ainda temos dificuldade em confirmar se estranhos são mesmo quem eles dizem ser, além da dificuldade de perceber e confiar nas suas intenções. A maior parte de nós vive em multidões e se move de uma casa para outra, de um bairro para outro, de uma cidade para outra, de um país para outro, em busca de algo melhor ou de algo novo. Se pudermos, levamos a identificação, que nos é solicitada com frequência. Ainda agimos como se viver entre estranhos fosse algo novo para nós, e não a regra.

Por que as pessoas têm medo de estranhos? Porque sua situação ou suas intenções não podem ser percebidas com facilidade. Porque crimes e agressões são, às vezes, cometidos por estranhos ou entre eles, e são esses os crimes e as agressões sobre os quais mais ouvimos falar na mídia. Porque há situações em que a nossa capacidade de perceber os outros realmente importa em termos físicos. Importa para a segurança do nosso corpo, e então nossa capacidade de perceber os outros se torna urgente. Porque o medo é mais suportável do que o risco.

Sem uma percepção de nuances, nossos medos são uma barricada brutal contra a presença e a abertura que poderiam permitir encontros com estranhos que nos mudariam, assim como o mundo em que vivemos. O medo categórico ou universal alimenta os preconceitos que se transformam em leis opressivas e políticas implacáveis, justificativas para o controle social e a violência diária. Então há mais do que intimidade em jogo quando optamos por falar com estranhos. Falar com pessoas que são diferentes de nós pode ser muito transformador. É um antídoto contra o medo.

Quanto mais familiar visualmente se torna uma coisa, maior é a probabilidade de nos sentirmos bem em relação a ela. Quanto menos desconhecido se torna um tipo de pessoa, de rosto ou um estilo de roupa, maior é a probabilidade de não apenas o tolerarmos, mas de *gostarmos* dele. Os psicólogos sociais chamam isso de "mero efeito de exposição", e ele vem sendo confirmado por pesquisa experimental há muitas décadas. Peguemos um exemplo bobo. Quanto mais você vir uma mulher com o cabelo tingido de verde, maior será a probabilidade de você não só gostar dela como também de achar que qualquer pessoa com cabelo verde – homens, mulheres, negros, brancos, asiáticos, idosos ou jovens – deve ser gente boa. Ou, em um exemplo mais complexo, quanto mais contato você tiver com mulheres falantes de árabe que usam *hijab*, maior será a probabilidade de você ter uma impressão positiva de mulheres que usam *hijab* ou falam árabe. Esse é o truque fantástico da mera exposição: ela é *generalizada*. O fato de termos tendência a gostar de coisas novas ou tipos de rostos ou de pessoas com algumas características que já nos são familiares é algo com potencial de mudar o mundo. E é também um argumento forte para vivermos em comunidades diferentes e conversarmos com os estranhos que encontramos.

Quanto mais você estiver exposto a pessoas que são diferentes de você dessa forma descompromissada e generalizada, maior será a probabilidade de você gostar delas e talvez até de tentar entendê-las, como elas vivem e no que acreditam. Para indivíduos e comunidades, e os países em que vivem, cultivar o hábito de interagir com estranhos pode ser transformador. Ele pode modificar emoções, ideias e políticas e os lugares emaranhados em que elas se sobrepõem. Isso é importante para a nossa imaginação social e para as leis e os sistemas que moldam o nosso mundo social.

A balconista da loja da esquina é uma muçulmana baixinha, com um lenço fino enrolado no pescoço e que lhe cobre a cabeça. Ela gosta das mechas vermelhas do meu cabelo.

"Como você faz isso? Eu faço na minha filha com corante alimentício." Ela passa a mão pela testa e pelos ombros. "A franja e depois as pontas. Minha outra filha quer azul, verde. Eu faço tudo que elas querem."

Fico imaginando pavões vistosos escondidos sob véus. "Elas usam véu?"

"Não, de jeito nenhum", diz ela. "É escolha delas. Eu ensino a elas o que quero ensinar, aquilo em que acredito. Elas têm sua própria cabeça. Elas têm que escolher. Não posso obrigá-las."

A mulher se inclina em direção ao balcão, sorri um pouco. "Meu filho também quer o cabelo verde." Ela desliza um dedo pelo balcão, fazendo uma divisão. "Eu digo 'não'. Há um limite."

Nesse meio-tempo, talvez de meio minuto, descubro, envergonhada, que estava pensando de forma categórica sobre um grupo de pessoas: as mulheres do meu bairro que usam lenço na cabeça. Pressupus que ela era muito religiosa e que exigia que as filhas seguissem a crença dela. Nesses poucos segundos, essa mulher se tornou um indivíduo para mim porque conversei com ela, eu a vi, escutei e aprendi alguma coisa sobre a forma como ela organiza seu mundo.

O ato de simplesmente falar com um estranho nos leva a vê-lo como um indivíduo. Não como um corpo ou uma categoria. E isso é algo muito poderoso. Quando você vivencia alguém como um indivíduo, amplia-se sua ideia de quem é considerado um ser humano.

E essa pequena mudança individual e específica é uma fagulha de mudanças políticas maiores. Diante das nossas lutas globais sobre refugiados e imigração, racismo, ódio e assédio, o simples fato de ver uma pessoa como indivíduo é um ato político.

• • •

Ser cosmopolita

Você pode achar que estou dando muito peso à importância política de estranhos conversarem, e estou mesmo. Também quero deixar claro que o caminho pelo qual bater papo nas esquinas assume dimensões políticas é sinuoso, arriscado e cheio de becos sem saída.

Para mim, ele começa com o cosmopolitismo, um conceito filosófico com origens na Grécia Antiga, e, mais tarde, com o ideal político do Iluminismo. A ideia básica é que, em vez de serem cidadãos de um Estado-nação, as pessoas são cidadãos do mundo, que elas se identificam primeiro como seres humanos e só depois como membros de um Estado, uma nação, uma raça, um grupo étnico ou grupo de afinidade (ou vários deles simultaneamente). Trata-se de uma fundamentação moral. Como cosmopolitas e seres humanos, quando nossas outras identidades entram em conflito com nossa humanidade compartilhada, esta última prevalece.

Nos últimos anos, planejadores urbanos, sociólogos, cientistas políticos, antropólogos e geógrafos culturais têm adotado a ideia de cosmopolitismo quando tentam discutir como as vivências de mistura cultural podem alterar as relações sociais, reduzir o preconceito, criar solidariedade e fortalecer a democracia. Cidades são máquinas de interação entre estranhos, e mais de 50 por cento da população mundial vive agora em cidades. Esses novos urbanistas estão trabalhando no que pode ser feito estrutural e socialmente nas cidades para incentivar a mistura cultural e gerar contato positivo entre pessoas que pertencem a grupos sociais diferentes. Um tema constante no trabalho deles é que, quando as pessoas falam com estranhos, suas interações desencadeiam e alimentam a tolerância, o respeito mútuo e o entendimento. Elas podem ser transformadoras. E isso é fundamental.

O contexto é o maior enganador nessa história.

Para ser cosmopolita – ser tolerante, aberto e curioso e acreditar que estamos todos juntos aqui – é necessário ter empatia. É preciso ser capaz de se imaginar vendo e sentindo o mundo da perspectiva de outra pessoa. Isso significa que os seus próprios processos internos fazem parte do contexto.

A empatia, uma emoção, é afetada pela experiência corporal. A capacidade dos seres humanos e dos ratos de sentirem empatia é afetada pelos níveis de estresse psicológico – quanto menos estresse, maior a empatia, segundo um estudo neurológico. Se você se sentir conectado a alguém, mesmo de

forma fugaz, estará mais propenso a vivenciar indiretamente os estados emocionais e psicológicos dele e a ser empático com ele. Nossa capacidade de sentir empatia por pessoas que não conhecemos, tanto em termos abstratos quanto em termos de estranhos em particular, não está baseada apenas na nossa personalidade e nas nossas crenças. Ela é situacional e variável e pode ser profundamente influenciada pelo nosso estado de espírito, por sentimentos de conexão ou pela falta deles.

A empatia não é herdada. Jogue pela janela a ideia de natureza humana aqui. Empatia é a capacidade que normalmente se desenvolve no início da infância e é ensinada com frequência pelos pais e nas escolas. Ela pode ser incrementada ou esmagada pelas experiências formativas. Pode ser limitada pelo preconceito.

O modo como agimos com os outros na rua – sejam eles parecidos conosco ou não – também depende do contexto externo. Gosto da clareza com que isso aparece em uma série de experimentos sobre a disposição das pessoas para ajudar desconhecidos em lugares públicos.

Os cenários dos experimentos são:

1. A caneta caída – Alguém vai pegar a caneta? Vai avisar que ela foi perdida?
2. A perna machucada – Alguém vai ajudar uma pessoa machucada que está tentando alcançar alguma coisa?
3. Troco para uma nota de cinquenta – Alguém vai trocar o dinheiro? Vai ao menos verificar se tem algum trocado para ajudar?

4. A carta não enviada – Alguém vai pegar uma carta selada, mas não enviada, e deixá-la em uma caixa de correio?

A disposição das pessoas para ajudar os outros – e, por extensão, sua capacidade de sentir empatia – varia de acordo com o local em que estão, quem está pedindo ajuda e em que condições. Algumas coisas que fazem a diferença segundo os pesquisadores são a cultura local, a situação específica, as características demográficas do lugar, e se as pessoas estão com pressa. Nas cidades dos Estados Unidos, os fatores que regulam o comportamento empático incluem o nível de desigualdade de renda na região (quanto menor a desigualdade, maior a inclinação para ajudar), os níveis de criminalidade (inesperadamente, aumentos na criminalidade correspondem a aumento na ajuda), a densidade populacional e a velocidade normal da caminhada. Circunstâncias políticas específicas e comportamentos usuais na rua também afetam profundamente as reações das pessoas a quem precisa de ajuda. Quando esses tipos de experimentos foram realizados no início dos anos 2000 em Kiev, na Ucrânia, a disseminação dos batedores de carteiras produziu uma tendência a não trocar dinheiro por moedas. Em Tel-Aviv, Israel, o fato de pacotes abandonados serem muitas vezes bombas inibia as pessoas a mexerem em correspondência não despachada, enquanto na Albânia a pouca confiança no correio tornava a empreitada inútil.

O quanto somos mutáveis como indivíduos, o quanto nossa empatia e o nosso altruísmo são situacionais, tudo demonstra que não é tarefa fácil encarar o mundo com intenções cosmopolitas, mesmo quando estamos nos empenhando ao máximo.

Entender o que é se colocar no lugar do outro, ver o mundo como outra pessoa o vê não é apenas uma questão entre indivíduos. Perspectiva é um conceito amplo. Ter perspectiva também significa entender e reconhecer o sistema que formata e limita nossas perspectivas. Em um nível individual, você pode ser um vizinho tolerante e empático, pode conversar abertamente e sem preconceitos com qualquer um que passe na rua, de qualquer raça. Mas em um país como os Estados Unidos, onde o racismo está entranhado nos sistemas de governo e de privilégios em que vivemos, tome cuidado. O geógrafo cultural Kurt Iveson coloca um limite importante no cosmopolitismo como um ideal. Ele indica que, na nossa realidade diária, a capacidade de praticar a abertura não está distribuída de maneira uniforme. Insistir que todos os moradores de uma cidade pratiquem abertura e tolerância radicais tem um significado para grupos mais fracos e outro, bastante diferente, para privilegiados que podem escolher quando e onde querem se abrir e quanto e onde querem se engajar na mistura cosmopolita. Ele nos lembra de que em alguns casos "a construção de fronteiras frágeis que limitam o engajamento com os outros é tudo que protege os fracos da aniquilação – algumas fronteiras e exclusões podem ser bem justificadas politicamente". Então, se você pertence à classe privilegiada, é seu dever, para com o mundo social, praticar o comportamento cosmopolita. Você também não deve esperar que as pessoas sem privilégios correspondam automaticamente. Parte de ser um bom cosmopolita significa conviver com o fato de que, se faz parte de uma cultura dominante, você foi beneficiado por essa cultura dominante, tenha pedido ou não.

Então, não posso lhe dizer que "se as pessoas falarem com estranhos, todos os nossos problemas sociais e urbanos e toda a discriminação cultural desaparecerão". A questão é infinitamente mais complexa que isso e envolve muito mais do que apenas mudar a forma como nos encontramos com os outros. Mas, quando você conversa com um estranho, quando admira e respeita as diferenças existentes entre vocês, quando o ajuda, você está tornando o mundo ao seu redor mais maleável e criando espaço para a mudança. O mais bonito é como esses momentos de possibilidade são criados por pequenas trocas sociais. O ato de falar com estranhos por si só não resolve nada no nível político ou cultural. Isso está longe da solução. Mas já é um começo.

• • •

Contato e preconceito

Imagine-se entrando em uma grande caixa dourada e iniciando uma conversa por vídeo de corpo inteiro com alguém em Herat, no Afeganistão; Teerã, no Irã; Havana, em Cuba; Nova York, New Haven ou Washington, DC, nos Estados Unidos, que simule o que seria conversar com essas pessoas na mesma sala. É exatamente essa a experiência dos usuários do Portals Project, feita por um coletivo de artes e tecnologia chamado Shared_Studios. Dentro do Portals, os usuários conversam com pessoas com quem podem ter pouco em comum e cujos governos às vezes estão em conflito. Eles conversam com pessoas em relação às quais certamente têm ideias preconcebidas e talvez preconceitos. A maior parte dos usuários sai com experiências positivas e emocionantes, e com frequência diz que poderia haver um Portal em todos os países. Na ocasião desta escrita, 3 mil pessoas entraram no Portals Project. O Shared_Studios tem planos para mais de uma dúzia de novos Portais – o coletivo recebe solicitações e publica os planos de construção e tecnologia para quem quiser criar o seu próprio portal. O projeto é grandioso e conciso em seus objetivos. A ampliação habilidosa da capacidade das pessoas de interagir com estranhos em toda parte aumenta a aposta nos modos em que podemos nos desenvolver como cosmopolitas.

Os Portais são também máquinas que não foram destinadas à mudança social. As experiências positivas individuais com gente de outros grupos reduz significativamente o preconceito em opiniões e comportamentos. Os psicólogos sociais chamam isso de "hipótese de contato". Experiências positivas com uma pessoa reduzem o preconceito em relação a todo o grupo ao qual você acredita que essa pessoa pertence, devido a um movimento psicológico específico conhecido como generalização do membro para o grupo. Mais de cinquenta anos de experimentos, na maior parte sobre tolerância e antagonismo inter-racial entre brancos e negros nos Estados Unidos, demonstraram esse fato repetidamente. A ideia influencia o trabalho de governos, grupos de comunidades locais e outras instituições que trabalham para a mudança social. Se pudéssemos misturar as coisas, diz a lógica, tudo seria melhor.

Essas experiências positivas não precisam ser perfeitas, segundo a hipótese de contato. Elas funcionam mesmo se a interação com uma pessoa que não faz parte do seu grupo for um pouco incômoda para você. Contanto que a interação seja amistosa de forma geral, mantida por um tempo suficiente e tenha algumas outras qualidades definidas pelos pesquisadores, é provável que você se sinta mais à vontade e termine com uma boa experiência. Se a experiência não atendia às condições para ser considerada positiva (inclusive o tempo nela despendido) – ou se era visivelmente hostil, é claro –, nenhum pesquisador esperava uma diminuição no preconceito pelo simples fato de o indivíduo estar em contato com uma pessoa diferente. Os estudos sobre a hipótese de contato não foram preparados para verificar o *aumento* do preconceito depois de experiências negativas.

Esse ponto cego explica bastante a forma como as experiências do mundo real ultrapassam as linhas traçadas pela comprovação experimental. A experiência do mundo real apresenta uma enorme contradição à hipótese de contato. Nos Estados Unidos, em virtude da desagregação de escolas, comunidades e locais de trabalho nos últimos cinquenta anos, considerando no mínimo o aumento dos contatos inter-raciais, você esperaria uma enorme diminuição no preconceito racial, certo?

Mas tanto as experiências da vida quanto as descobertas de pesquisas sociológicas e antropológicas mostram que isso está bem distante da realidade. Áreas com diversidade muitas vezes apresentam os níveis *mais altos* de tensão, preconceito e conflito dentro do grupo. O quebra-cabeças criado aqui parece insolúvel.

Ninguém gosta de um enigma não resolvido. Nos últimos anos, pesquisadores retomaram as centenas de estudos que apoiavam a hipótese de contato para descobrir o que aconteceu como resultado de experiências visivelmente desagradáveis. Eles também realizaram vários experimentos originais sobre contatos entre brancos e negros nos Estados Unidos, e entre brancos e negros e muçulmanos brancos, e contatos com os que procuravam asilo na Austrália.

O que eles descobriram é uma lição de futilidade. O efeito das experiências negativas superou em muito o das positivas em termos de mudança do grau de preconceito para com o grupo ao qual a pessoa pertencia. Seu trabalho, eles afirmam, "sugere que o contato intergrupo pode ter a tendência natural de piorar as relações nos grupos em vez de melhorá-las". Apesar de as interações positivas serem muito mais comuns do que as negativas, o duro golpe de uma experiência negativa pode superar facilmente muitas experiências positivas. Os pesquisadores afirmam que o grau de aumento no preconceito depende das experiências anteriores do indivíduo com os membros daquele grupo. Eles ainda têm esperança de que o contato positivo possa desencadear mudanças reais.

Então, eis o dilema em curso: o contato e a exposição a pessoas que são diferentes de você podem alimentar a *intolerância* em vez da tolerância feliz pela qual tantos psicólogos sociais, urbanistas, legisladores, ativistas e indivíduos esperam e trabalham. As experiências ruins com pessoas de outros grupos têm um poder desproporcionalmente maior na formação do preconceito quanto a ideias e comportamentos. Essa é uma das razões pelas quais o aumento da integração étnica e racial e a coexistência do último meio século parecem ter tido pouco efeito no preconceito intergrupo como um todo, e especialmente por parte de brancos como um grupo generalizado.

A maioria das experiências é positiva, mas as negativas entornam o caldo. A lição aqui é que, se queremos fazer mudanças sociais, é fundamental criarmos uma enorme densidade de experiências positivas entre pessoas diferentes e, como cultura, desafiarmos insistente e publicamente as pessoas que criam experiências negativas.

Você não deve se surpreender se eu disser que as experiências podem ser mais complexas do que apenas positivas ou negativas. Na vida diária, fora das situações limitadas criadas nos experimentos de laboratório, as coisas são um pouco diferentes. Às vezes, uma única interação pode ter consequências motivadoras e desanimadoras. As pessoas podem vivenciar esses opostos simultâneos como uma corrente alternada que eletrifica os seus dias. O livro *Streetwise: Race, Class, and Change in an Urban Community* [Sabedoria da rua: raça, classe e mudança em uma comunidade urbana], do sociólogo Elijah Anderson, sobre um bairro na Filadélfia com um lado branco e um lado negro, descreve a forma como os residentes navegam ao redor da fronteira e como a cruzam. Há um grande e delicado trabalho que permeia a coexistência tolerante e às vezes o resultado é bom. Grande parte dele depende da capacidade de as pessoas se perceberem por meio da diferença. Um dos homens entrevistados por Anderson contou a seguinte história.

Ele relatou que já era muito tarde quando ele e um grupo de amigos negros passaram perto de uma mulher branca na calçada. Ela apressou o passo e então subiu para a varanda de uma casa, como se morasse lá. Era muito visível para o jovem narrador que ela estava com medo deles, e que ela não morava lá.

> "Senhora, não precisa fazer isso. Acho que a senhora está pensando que somos um bando de delinquentes. Tenho 28 anos, ele tem 26, ele tem 29. Não precisa fugir da gente."

Ela afirmou que estava com pressa. Ele respondeu:

> "Não está, não. A senhora pensou que íamos roubar sua carteira." Mostramos nosso dinheiro. "Está vendo, nós trabalhamos", expliquei. "Já somos adultos. A senhora devia se preocupar com os moleques de 15, 16, 17 anos. É com eles que a senhora tem que se preocupar. Mas nós somos adultos." Falei tudo isso para ela. "Eles é que não têm emprego, são muito novos para trabalhar de verdade. É com eles que a senhora devia se preocupar, não com a gente."

A interação que o homem relatou a Anderson parece terminar em um sorriso, uma risada e uma lição. E então todos continuam andando. Mas ela também toca nos limites do contato. Anderson traça essa linha. Ele escreveu que encontros desse tipo poderiam mudar a ideia ou um comportamento de medo, mas não é muito diante do preconceito e dos estereótipos em geral dos brancos para com os negros. Porque a lição não é ensinada apenas para a mulher branca, que o seu erro é de percepção errada, medo desnecessário, mas também para os rapazes, um lembrete vívido de que eles são percebidos frequentemente como perigosos pelo simples fato de serem negros.

Esse fator, esse erro de interpretação, acontece milhões de vezes por dia no mundo todo. É uma coisa feia, dolorosa. O que me marcou na história daquele homem foi como ele reagiu. Como ele parou e transformou uma interação tensa e ofensiva em um contato honesto e inusitado.

Não tenho uma visão cor-de-rosa sobre todos terem saído dessa interação mais felizes ou mais à vontade ou mudados na sua essência de alguma forma. O que vejo é que o rapaz desafiou os medos invisíveis e não ditos da mulher, que ele nomeou e desmantelou as premissas dela.

Considere esse momento de *Citizen: An American Lyric* [Cidadão: uma lírica americana], o violento, preciso e condenatório livro de Claudia Rankine. Aqui, "você" refere-se a uma mulher negra.

> Na fila da farmácia, finalmente chega a sua vez, e então ele passa na sua frente e coloca as compras dele no balcão. O caixa diz: "Senhor, ela era a próxima". Quando ele se vira para você, fica muito surpreso.
>
> "Nossa, eu não vi você."

"O senhor deve estar com pressa", você responde.

"Não, não. Eu não realmente não te vi."

Quando você pensa em falar com estranhos e mudar o mundo, uma das complexidades é o sistema em que você se encontra e como ele pode cegá-lo. O que o preocupa quando você cumprimenta alguém que você nunca viu e provavelmente não verá nunca mais? Se você quiser trabalhar com a hipótese de contato, se quiser transformar um desses breves momentos em possibilidade, sempre terá que lançar luz sobre o que pode dar errado.

Então você estará enxergando, e enxergando *de verdade*.

4 Os mecanismos de interação

Quando estranhos se encontram, em qualquer cultura, em qualquer lugar, em qualquer grupo social, as mesmas perguntas silenciosas flutuam no espaço: Qual será o comportamento em público mais adequado? Como evitamos interações, como iniciamos, conduzimos e saímos delas? Como gerenciamos nossas distâncias físicas e sociais? Como escolhemos com quem interagir e quem vamos ignorar? Como comunicamos nossas intenções e intuímos as dos outros?

Esses são os mecanismos de interação com estranhos – os problemas físicos que necessitam de soluções. Como lemos o diagrama esquemático. Como mantemos os motores, as alavancas e as engrenagens funcionando bem. Como manipulamos o atrito e a graxa. As soluções irão variar conforme o país, a cultura ou o grupo de afinidade em que você se encontra, mas os *problemas* do mecanismo não variam. Os comportamentos que descrevo neste capítulo podem soar familiares ou ser tremendamente diferentes da sua experiência. A questão é aprender a entender o que não é dito: quais são os mecanismos de interação nos lugares em que você vive, se diverte, trabalha e atravessa?

Em qualquer comunidade, esses mecanismos são acordados de forma tácita, não são escritos nem explicitados. Esses acordos se tornam visíveis quando você observa o comportamento público e procura padrões no que as pessoas *fazem*, em vez de confiar no que as pessoas *dizem* que fazem. E, quando as regras são quebradas – e elas o são constantemente, de formas sutis –, nós as vemos escritas em negrito.

Quando você procura pelo que não foi dito, a primeira coisa a ser entendida é o grau básico de sociabilidade que as pessoas esperam no espaço público. Esse patamar variará com o tipo de espaço em que você está, a ocasião, o horário e a cultura, subcultura e microcultura. Trata-se de um contrato social, e, como qualquer contrato social, não pensamos nele enquanto ele é mantido, mas quando deixa de ser nossa reação pode ir de um aborrecimento até a indignação. Isso acontece dentro de uma cultura ou situação, e também pode acontecer quando comunidades se justapõem e seus contratos implícitos diferentes são sobrepostos nos mesmos locais. O atrito no sistema de interação, se houver atrito, expõe os pontos de diferença, as regras implícitas de cada comunidade.

No final dos anos 1950, o renomado sociólogo Erving Goffman começou a observar e documentar essas regras explicitamente. O seu livro *Behavior in Public Places* [Comportamento em lugares públicos] e outros ensaios da sua vasta obra são análises cuidadosas dos comportamentos verbais e não verbais e sugestões que regem as interações dentro de um grupo específico: a população branca dos Estados Unidos, pessoas da classe média anglo-americana naquele período. Goffman explica com clareza os limites dos seus estudos e lembra constantemente os leitores sobre as restrições e especificidades das suas observações. Ele destaca, muitas vezes, histórias e estudos de normas e padrões do comportamento público que diferem de suas observações em lugares tão distantes quanto a Índia, América Latina, Irlanda rural, Kuwait e França. Apesar de suas observações serem bem específicas de uma época, um lugar e um grupo demográfico, suas investigações formaram uma estrutura para a compreensão do que acontece quando estranhos se encontram. Lembre-se de que, na experiência vivida, esse é um processo fluido sobre o qual não pensamos muito. Vamos observar o seu funcionamento em partes e em câmara lenta.

• • •

Desatenção civil

Nas cidades grandes e pequenas dos Estados Unidos que Goffman estudou – e em muitas outras culturas que ele menciona a partir de pesquisas e histórias de outras pessoas –, o contrato básico é o que ele e sociólogos chamam de "desatenção civil". Trata-se de uma estratégia para preservar a distância física e social desejada, já que a distância social bem administrada é parte do que nos permite viver confortavelmente em cidades lotadas. Pense no relacionamento com os seus vizinhos – quanta distância física você mantém deles e quanta distância social você prefere? Pense no modo como você escolhe os assentos no teatro ou no transporte público. Precisamos de algum espaço imaginário nos nossos espaços físicos e sociais apertados. Jane Jacobs, intérprete fundamental da vida na cidade, disse com perfeição: "Certo grau de contato é útil ou apreciável; mas você não quer ninguém que fique atrapalhando. E os outros também não".

A desatenção civil é algo que esperamos e recebemos sem pensar muito a esse respeito. É a graxa que mantém as engrenagens girando. Tudo funciona a contento. Nada de atrito, aborrecimento ou tempo perdido.

Eis o que Goffman concluiu ao observar o modo como pedestres que não se conhecem administram a desatenção civil. Quando dois estranhos caminham na direção um do outro em um espaço público, eles se olham rapidamente a certa distância, desviam o olhar quando se aproximam e passam um pelo outro. Essa pequena manobra contém dois aspectos: o padrão de comportamento visual sinaliza o reconhecimento da presença de outra pessoa em um espaço compartilhado. O desvio do olhar indica que nenhum deles tem intenção de invadir o espaço do outro, nem representa uma ameaça nem espera que o outro seja ameaçador. Não há vigilância, nem investida. Sua desatenção mútua é, sem dúvida, civil.

Assim, em comunidades que esperam a desatenção civil, você observará as convenções verbais e físicas que ajudam as pessoas a não atrapalhar a vida das demais. Qualquer que seja o sinal exato, em geral ele inclui um lampejo conveniente de reconhecimento da existência do outro sem nenhum comprometimento social, sem a sensação de estarem se observando diretamente. Reconhecemos que compartilhamos o espaço brevemente, mantemos a distância e dispensamos o outro da necessidade de interação. Declaramos com nosso corpo que somos inofensivos e não pretendemos invadir o espaço do outro. Não estamos vendendo nada, não estamos pedindo nada, não estamos paquerando, não estamos assediando, não somos uma ameaça.

Em algumas culturas, por outro lado, as pessoas tomam atitudes extraordinárias para não interagir de forma alguma. Um amigo explicou-me que na Dinamarca com frequência a interação com estranhos é evitada quase a qualquer preço. As pessoas sentadas no banco de um ônibus ou trem até passam do ponto ou da estação em que desceriam para não ter que pedir licença ao passageiro do lado. Há uma movimentação física elaborada no ato de pegar sacolas e usar o corpo para indicar que você precisa de espaço para passar, tudo para evitar as palavras "Com licença".

Disseram-me que em Toronto – mas não em outros lugares do Canadá – acontece o mesmo. Até o contato visual é evitado. Uma pessoa com quem falei me contou que "pessoas que não se conhecem em Toronto falam (ou murmuram) somente o necessário, e com o entendimento tácito de que é desagradável para todos os envolvidos. 'Com licença' é o último recurso em um trem". Outro cidadão de Toronto disse que "as tão alardeadas identidades das vizinhanças podem ocultar diferenças. Aqui, em Cabbagetown, o lar de muitos esquisitos excelentes, às vezes fico um pouco irritado porque ir às compras inclui ter que conversar com as pessoas que estão atrás do balcão. Acho que isso me faz um 'bom' – quero dizer, um típico – habitante de Toronto".

Uma mulher inglesa que morou nos Estados Unidos durante muitos anos relata: "Quando eu falava com ingleses, observei uma coisa interessante: à medida que me tornava mais (o que eu acredito ser) americana, e, portanto, disposta a dizer alguma coisa a um completo desconhecido, percebi que na verdade muitos ingleses reagiam muito bem – melhor do que os americanos, talvez por isso ser tão inesperado. Mas há algo bom na Inglaterra, pois quando você diz alguma coisa fica perfeitamente claro que você não está iniciando uma conversa, então não há ansiedade".

Alguns egípcios me contaram que é comum seus conterrâneos terem curiosidade e serem receptivos a estranhos, ficarem animados para iniciar uma conversa e saberem sobre eles. Uma amiga egípcia me contou que acha que há uma recompensa em falar com estranhos porque eles são uma novidade e contam histórias novas.

Os espaços públicos que compartilhamos nem sempre parecem tão favoráveis quanto os que Goffman retrata, e a desatenção civil pode envolver gestos maiores do que o movimento do olhar. O livro *Streetwise*, de Elijah Anderson, publicado em 1990, sobre um bairro urbano que se dividiu ao meio – metade negro e metade branco –, detalha bem como se navega entre os hábitos de reconhecimento e desatenção em áreas onde o potencial de ameaças é considerado alto. No território de Anderson, esse potencial é sentido entre homens negros e também nas interações inter-raciais. Por exemplo, além dos sinais de um olhar fixo, Anderson viu um padrão de comportamento de atravessar as ruas para evitar passar diretamente em uma calçada em determinados horários do dia e em certos lugares – tanto para sinalizar ausência de perigo como para evitar danos potenciais, minimizar tensões e afastar medos.

A desatenção pode ser uma linha básica, mas há todos os tipos de interrupções rotineiras toleráveis e às vezes elas são até agradáveis. Goffman catalogou algumas delas. Quando você se sente obrigado a interromper a caminhada de um estranho? Você poderia parar alguém que deixou cair alguma coisa, ou pedir desculpas a alguém cujo caminho você cruzou. Há pedidos que não podem ser recusados com educação, como perguntar que horas são, ou pedir informações sobre endereços – embora você possa ter certeza de que ninguém pede ajuda evitando completamente um olhar. Em geral, as pessoas têm consciência de quando saem um pouquinho do esperado por um bom motivo e podem esperar que uma aproximação bem-intencionada será recebida assim – genuína e prestativa, ou, pelo menos, inofensiva.

O que acontece quando não estamos em movimento e a interação não pode terminar naturalmente, pois continuamos ali? Em muitas partes dos Estados Unidos, as pessoas também tratam as outras com desatenção quando elas se sentam próximo em cafeterias, bancos de praça, áreas de piquenique, praias, jogos de futebol, concertos ao ar livre e casas de *show*: lugares onde as expectativas podem não ser tão definidas. Algumas pessoas querem manter a sensação de privacidade mesmo em lugares apertados e em atividades simultâneas. A ilusão de privacidade significa que elas podem se sentir à vontade e cuidar das suas vidas. As pessoas podem optar por não reconhecerem as outras nessas situações, talvez porque seja mais difícil manter os limites se fizermos contato visual ou se começarmos a conversar quando compartilhamos o espaço. Por outro lado, no oeste da Áustria e na Suíça, uma mulher que entrevistei disse que, quando alguém entra em um café ou qualquer espaço público com uma porta de entrada definida, todos dizem "olá", e, quando saem, todos dizem "tchau". Entre a entrada e a saída, a expectativa clara é que não haja envolvimento. Gosto de pensar como isso soa caloroso e acolhedor, mas quando ela me contou isso só consegui pensar em quanta distração não causaria.

A desatenção civil nessas situações, no parque, no café, no teatro e no concerto, também significa uma recusa em compartilhar experiências. Às vezes, é uma perda terrível. Experiências coletivas são transcendentes e oceânicas, e todas as culturas da história as têm organizado, de teatro e práticas religiosas a jogos de basquete. Não estou dizendo que você deve quebrar expectativas e sentir-se profundamente motivado para ir a um *show* ou piquenique em um parque lotado, mas você poderia pensar em se abrir para isso.

Agora, o que acontece quando duas pessoas compartilham a calçada ou grupos diferentes compartilham um espaço público *sem* compartilhar a mesma base de contrato de comportamento no espaço público? O comportamento nos cinemas, em que o público é uma comunidade temporária, é uma boa amostra de como as expectativas podem ser variadas e conflitantes. A expectativa superanunciada em um cinema é silêncio e atenção. As sequências iniciais da sessão apresentam as regras com clareza: telefones desligados ou em modo silencioso, vozes em tom de sussurro. O grau em que esse contrato é mantido varia muito, de acordo com o tipo de vizinhança cultural em que o cinema se encontra, com o gênero de filme, com a idade prevalente do público, e até mesmo com o horário (nas sessões em horários muito tardios, as expectativas são menores). Em cenas surpreendentes ou hilariantes de um filme, até as pessoas que seguem à risca as regras do cinema podem quebrar o contrato de silêncio com risadas ou gritos, compartilhando a maior emoção em um momento ritualístico, em que a quebra do contrato termina pacificamente. Esse contrato vem sendo cada vez menos universal. É cada vez mais comum assistir a um filme em uma comunidade temporária que incorpora experiências coletivas uniformes e não espera silêncio e atenção, apesar das normas apresentadas na sessão. Em algumas comunidades temporárias, comentários no Twitter fazem parte de diversão. Públicos de negros e de jovens de qualquer raça têm, em geral, expectativas muito diferentes daquelas dos públicos adultos brancos. A classe social também afeta as expectativas, independentemente da cor. No cinema, tudo isso tem um contexto histórico também. As expectativas de silêncio e de desatenção civil no cinema começaram quando surgiram as redes nacionais e – em contraste direto com as habitualmente estridentes salas de cinemas locais – ancoradas na vantagem competitiva de um toque de *glamour* e expectativas da alta cultura do teatro, aplicadas tanto pelos contratos implícitos quanto pelos lanterninhas.

Conflitos verbais e até físicos podem surgir e surgem quando pessoas com expectativas diferentes sobre o comportamento em público compartilham o mesmo espaço e são percebidas como violadoras do contrato social básico da cultura ou do lugar das outras pessoas, com intenção ou não. Pessoas negras em qualquer espaço público que não seja de predomínio de negros podem ser encaradas e incomodadas, e tratadas como uma ameaça, não importando seus trajes ou comportamento. Homens brancos que caminhem por conjuntos habitacionais de negros podem ser encarados e incomodados. Adolescentes barulhentos em um bairro familiar, ou de classe alta, podem ter que enfrentar policiais, que, dependendo da situação racial, podem ser extremamente perigosos. E qualquer uma dessas situações pode evoluir para uma briga. Saber que as regras locais podem ser diferentes das suas, e imaginar quais são elas e se são flexíveis, é importante. Anderson separa o que ele chama de etiqueta da rua com sabedoria da rua. A primeira é a percepção de um conjunto de regras categóricas que podem ser transmitidas e aprendidas, enquanto a segunda deriva da experiência e permite que a pessoa entenda situações desconhecidas e pessoas estranhas individualmente.

• • •

O olhar fixo

Na rua, no espaço público, na maior parte do tempo o objetivo é evitar invadir o espaço de alguém, ou assustar, ou causar algum desconforto. Como saber se alguém está aberto para um contato verbal ou não? Como você demonstra se está ou não? A arte de conversar com estranhos exige que tenhamos boa percepção dos outros e que enviemos mensagens com habilidade.

Voltemos ao olhar – é com ele que tudo começa. O olhar fixo é o centro da interação humana. Encontrar o olhar de alguém pode ser uma declaração poderosa de abertura e inclusão, de desejo ou de repulsa. A navegação no mundo dos estranhos começa com o entendimento do que significa um olhar fixo.

No estudo de Goffman, as pessoas que estão abertas à interação retribuem o olhar do possível parceiro de interação quando ele se aproxima, e sustentam o olhar por um momento. Esse olhar um pouquinho prolongado é uma pergunta e uma resposta. *Você é amistoso? Eu sou.* Não é *encarar*, o que pode ser ameaçador e invasivo, e cria um ninho de cobras de sentimentos negativos. Um olhar fixo é uma abertura e, como toda abertura, pode ser rejeitado. A brevidade do olhar permite que você mantenha a reputação. A rejeição pode aparecer como a ausência de retribuição, desvio intencional do olhar ou um olhar frio. A aceitação é uma abertura que pode ser indicada com um aceno de cabeça, um sorriso ou uma palavra simples.

Mais uma vez, um lembrete: o significado de um olhar varia muito entre culturas diferentes – o contato direto do olhar é mais comum nos Estados Unidos do que no Japão, por exemplo, e em algumas culturas olhar nos olhos significa um desafio ou uma afirmação de poder. Assim, a descrição de Goffman não é de aplicação universal. Olhares fixos sempre significam alguma coisa, mas a abertura para a interação é apenas um dos objetivos que eles podem sinalizar.

Nossas decisões – sejam elas instintivas ou conscientes – sobre se daremos ou não abertura com o olhar começam como as informações que obtemos com nossos sentidos e nosso corpo. Nós notamos o modo como as pessoas se vestem. Calculamos a idade delas, observamos o gênero aparente, a cor da pele. Reparamos no ângulo dos ombros, na expressão da face, na velocidade do andar e no que elas fazem com as mãos. Fazemos um balanço do seu comportamento e da adequação ao lugar e ao horário. Ouvimos o tom de voz delas e deduzimos seu estado emocional e fatos pessoais a partir do que ouvimos – nervosismo, confiança, a risada grave de um fumante, um sotaque estrangeiro ou familiar. Se estivermos perto o suficiente, sentimos o perfume e o xampu, cheiramos o suor do trabalho ou do medo. Interpretamos todos esses aspectos. Decidimos se podemos prosseguir e quais palavras iniciais usaremos depois de interpretar todas essas informações. Nós obtemos *contexto*. E nós o usamos para escolher com quem iremos interagir, a quais aberturas iremos responder, a quem confiar nossa segurança física, com nossa distância social ou com nosso tempo.

O olhar fixo nem sempre é uma verificação inocente para uma interação amigável e violações intencionais de civilidade podem representar assédio ou ameaça. O olhar firme pode ser usado para traçar limites e deixar claro que esses limites serão protegidos. Nos Estados Unidos, isso acontece com frequência com pessoas negras em bairros com predominância de brancos, e não importa como elas estão vestidas ou como se comportam. Olhares prolongados de homens para mulheres são a forma mínima de assédio na rua, que pode evoluir para comentários de teor sexual, convites ou até mesmo ameaça explícita. Muitas mulheres enfrentam assédio na rua todos os dias, outras a cada semana ou mês. Em pesquisas, poucas respondem que nunca passaram por isso. Uma das armadilhas para as mulheres assediadas é a expectativa social geral de que perguntas serão respondidas, pedidos serão aceitos ou recusados (em outras palavras, pelo menos reconhecidos) e elogios serão agradecidos. Diante do assédio, as escolhas das mulheres são todas "indelicadas". Elas podem ignorar ou confrontar os assediadores ao ignorar as expectativas sociais de troca. Espera-se que elas atuem conforme seu gênero ao sorrir diante da atenção que receberam. Espera-se que elas aceitem tudo isso como elogio. O assédio de rua é definido pela vítima. Se ela achar que é assédio, então é. Frases neutras como "Tenha um bom dia" podem soar como certo assédio de gênero se vierem acompanhadas de comentários grosseiros.

Eles estão apoiados no muro como se fossem donos dele. Eles me olham com malícia quando passo por eles. "Deus te abençoe, menina", como se a forma de prece tornasse o comentário bom, como se não fosse apenas outra cantada.

Se uma mulher reage como quem se sente assediada – ignorando os assediadores, usando linguagem corporal protetora, dando uma resposta malcriada –, ela está sendo assediada. Sinta ela desconforto ou ameaça em vários graus nessa situação, o fato permanece: violações da desatenção civil que não são respeitosas não são boas, não levam aos sentimentos de pertencimento e conexão a que me refiro. Muito pelo contrário. Esses tipos de violação fazem as pessoas se sentirem ameaçadas, alienadas, transformadas em objetos, mal recebidas, e o espaço público não é seguro para elas.

Na formulação bem organizada de Goffman, um olhar fixo inicial é rápido, de modo que, se for rejeitado, não haverá sentimentos feridos de nenhuma das partes. Mas nem sempre é simples assim. Os pesquisadores que estudam o olhar fixo social descobriram que um olhar não correspondido, tanto entre estranhos quanto entre amigos, produz sentimentos significativos de ostracismo e desvalorização. Há uma forma mais profunda de recusa quando a resposta a um olhar não é apenas rejeição. As pessoas podem ser olhadas "como se fossem invisíveis", com um olhar que passa por elas, evitando ativamente o verdadeiro contato visual. Experimentos demonstraram que essa reação é um sinal forte de ostracismo, ao contrário do olhar correspondido ou do sorriso, que indicam reconhecimento e inclusão. A passagem de Claudia Rankine no capítulo anterior é um exemplo significativo. O ostracismo é terrível por si só e gera perguntas autodepreciativas: Por que eu? A personalidade, a aparência, as roupas, a classe, o gênero, a raça, a habilidade, você não sabe o que foi, e você critica a si mesmo. Ou caminha para o ódio.

Olhares correspondidos ou não, aproximações aceitas ou rejeitadas são momentos de verdadeiro risco social e emocional. É fundamental estar ciente de como você rejeita uma interação tanto quanto prestar atenção em como aceitá-la. A *atenção* civil é importante para o tecido moral e para os mecanismos adequados da sociedade, tanto quanto a desatenção civil. Lembra-se da intensidade que as experiências negativas têm para reverter os efeitos positivos do contato com pessoas diferentes de você? Lembre-se dessa informação quando entrar no mundo dos estranhos.

• • •

"Você é uma garçonete muito gentil": uma abordagem discreta.

Dizer "olá"

Digamos que, em vez de evitar o olhar usual da desatenção civil, você queira assumir o risco, abrir-se para um ser humano e dizer "olá". O significado dos cumprimentos pode ser tão emaranhado quanto o dos olhares. Mesmo dizer "oi" ao passar por alguém pode quebrar um pouco o contrato em algumas culturas, então você estará assumindo um pequeno risco de invasão. Ou deixar de dizer "oi" pode ser entendido como uma afronta. Goffman observou que, embora cumprimentar alguém de passagem não faça parte da norma do grupo dominante que ele estudou, entre as pessoas que ele descreve como sujeitas a discriminação no grupo há frequentemente um senso de solidariedade que gera uma expectativa de saudação mútua. Anderson nota que, na cultura negra (na sua experiência e no estudo), o cumprimento tem importância especial. Em geral, as pessoas que estão em minoria em uma situação tendem a se observar e se cumprimentar: pais de crianças negras em uma escola de maioria branca, pais de crianças brancas em uma escola de maioria negra (pode ser mais complicado para as crianças, nos dois casos), mulheres em conferências assistidas por homens, pais em um *playground* onde é mais comum a presença de mães e babás.

Na China, como regra, as pessoas não falam com estranhos. Segundo um acadêmico, a cortesia tradicional fica reservada a membros da família e pessoas próximas. "Estranhos, mulheres, camponeses e trabalhadores imigrantes" não recebem nem esperam cortesias linguísticas. Nos últimos anos, diz ele, o governo central promoveu "cinco expressões de cortesia" equivalentes às europeias *olá*, *por favor*, *obrigado*, *desculpe-me* e *tchau* para "expandir a cortesia às saudações recíprocas e universais".

As saudações por si sós são um reconhecimento significativo de que estamos todos na mesma situação – um cumprimento inesperado pode mudar o rumo do seu dia. Elas são fáceis e descomprometidas – você pode cumprimentar alguém sem ao menos diminuir o passo. Se os seus passos forem tranquilos ou se você estiver em um momento de pausa – esperando um farol abrir, passando perto de uma pessoa parada, em um espaço de transição –, é possível que um cumprimento traga algo bonito.

Eles são jovens e esbanjam energia reprimida, gritando, pulando e batendo uns nos outros. Um deles está de capuz, parece durão. Estou na esquina com eles, esperando para atravessar a rua, abrindo bastante espaço para essa movimentação errática. O de capuz dirige-se a mim e diz: "Que dia bonito, né?"

"Sem dúvida", respondo. *Ele tem o rosto fino, olhos um tanto voláteis. Retrocedo um pouquinho. Não há nada de perigoso nele, mas seu corpo precisa de mais espaço.*

Ele aponta para uma pereira da altura de uma casa, cheia de flores brancas, do outro lado da rua. "Veja como as árvores estão voltando à vida", diz. "É Deus, moça. Que Mãe Natureza, que nada."

Ele dá um soco no ombro do amigo e eles vão para a rua, disputando corrida nos intervalos entre os carros, bem antes de o farol fechar.

Se você quer conversar com estranhos, é preciso escolher a hora certa. Nem é preciso dizer (quase nunca é) que as pessoas estão mais dispostas a iniciar uma conversa se não estiverem com pressa. Ao criar suas instalações tecnológicas maravilhosas e esquisitas para gerar interações públicas, meus alunos enfrentam esse problema eterno. Eles escolhem passagens movimentadas para instalar seus projetos facilitadores de interações, esperando que mais pedestres os vejam. Quando as pessoas estão tentando ir de um lugar para outro, elas não percebem os demais e há pouca probabilidade de se verem, e menos ainda de seus olhares se encontrarem. Em um lugar lotado, a desatenção civil é fácil. Perguntei a um amigo que diz conversar com todo mundo se às vezes ele se contém. "Acho que há um limite, sim. Eu não vou interromper ninguém, então, se a pessoa parece ocupada, ou com pressa, ou se está absorta em uma conversa, passo direto." Parecer ocupado, andar depressa são bons escudos contra a interação.

Considerando todos esses pequenos e grandes complicadores, como começar? Há algumas abordagens que, em geral, resultam pelo menos em uma resposta mínima, evolua ela ou não para uma conversa. Como eu disse anteriormente, a expectativa geral é que perguntas tenham respostas. Solicitações são atendidas ou recusadas. Elogios levam a agradecimentos. Essas são demandas pequenas em termos de tempo e atenção. Lembre-se: como esses tipos de afirmações "exigem" respostas para não sermos indelicados, elas podem também ser abusivas – o assédio pode assumir a forma de pedidos contínuos de atenção de alguém que já deixou claro que não está interessado.

Elogios, quando respeitosos, são ótimas alavancas para iniciar uma interação com um estranho. Fazer um cumprimento significa que seus olhos estão abertos, que você está presente. Você está vendo alguém como um indivíduo. A maioria daqueles que têm habilidade para conversar com estranhos que conheço nos Estados Unidos são praticantes da arte de elogiar.

Estávamos ambos indo e voltando, esperando o elevador lento chegar. Ele estava com sapatos que pareciam ter sido feitos para nunca serem usados. Botas de cano baixo sem cordões, de material bege impecável, com vincos esculpidos e bordas desgastadas artisticamente. Eu disse-lhe que eram bonitas.

"Obrigado", ele disse. "Você trabalha com moda?" "Eu, não", disse-lhe. "Dedico-me a observar."

O PODER DO ACASO 85

"Oi, Kio" / "Oi Russell. Com quem você conversou hoje" / "Anne Arthur Kevin. Um cara no cinema. Um cara na loja. Não sou bom com estranhos" / "É mais fácil falar com estranhos se você disser algo bacana sobre a roupa deles". Por meio de uma conversa multimídia, tento converter um amigo tímido.

Outro jeito fácil de iniciar uma conversa é lançar observações casuais sobre o espaço que vocês estão compartilhando. Trata-se de um método tão certeiro que às vezes até orienta o desenvolvimento urbano. Com suas iniciativas para fazer renascer parques e praças decadentes ou para conseguir construir novos espaços públicos, pensadores e planejadores urbanos querem que os seus espaços públicos sejam canteiros de interação entre estranhos. Eles se referem a isso como um bem social. Uma das estratégias mais intrigantes é criar pontos de triangulação. Não é tão simples assim. As interações entre estranhos aumentam quando há algo a ser dito, um terceiro aspecto para fechar o triângulo entre duas pessoas que não se conhecem. Bons espaços públicos contam com espaços para arte popular, artistas de rua, alimentação e bons lugares para sentar, como bancos ou degraus baixos. Para mim, observar artistas de rua é mais importante para as conversas paralelas do que para desfrutar das apresentações. Quando um espaço público tem coisas que possibilitam a triangulação, ele se torna um espaço mais aberto. Se você está na esfera de algo que vale a pena comentar, você pode ouvir um comentário ou fazer algum para a pessoa que está ao seu lado.

    Adoro quando pessoas estão cantando para si mesmas em público, em um banco de parque ou em uma varanda, enquanto estão trabalhando ou caminhando. Eu digo: "Muito bem!" ou pergunto qual é a música, ou apenas sorrio quando nossos olhares se encontram. Elas criaram para si um ponto de triangulação e uma abertura para interação – intencionalmente ou não. É mais provável que você seja cumprimentado se estiver usando uma roupa vistosa em uma situação rotineira, se estiver com um cachorro ou um bebê, estiver andando em uma bicicleta diferente, arrastando uma mala, se tiver parado para olhar alguma coisa, se estiver cantando, sorrindo, comendo ou esperando. Cachorros e bebês geram comentários como: "Que lindo, que idade tem?" ou "Qual é a raça do seu cachorro?" Eles também podem ser "condutores sociais" *por meio* dos quais as pessoas conversam. Falar primeiro com o cão ou com o bebê e não diretamente com o dono ou o cuidador diminui o risco. É mais fácil para eles continuarem andando sem serem grosseiro se não quiserem conversar do que seria se você falasse diretamente com eles. Como um bom cidadão do espaço público, é importante ser sutil quando você depende desse tipo de abordagem. Pessoas que usam chapéus chamativos nem sempre querem conversar sobre seus chapéus. Outros preferem que deixem em paz seus cães e bebês.

Hoje todos estão conversando. O empreiteiro quer falar dos meus sapatos. "São bons para as minhas costas", digo. "Eu tenho má postura." Movimento o ombro para frente para lhe mostrar, ele só encosta um dedo. "Maus hábitos", é tudo o que ele diz.

O açougueiro gosta do meu cachecol. "Compra de emergência", digo. "Um dia esfriou de repente e não tive escolha." Ele sorri. "É o único jeito de fazer compras."

Na rua, um menino se apoia nas pernas da mãe, me encara e diz: "O seu cabelo é vermelho". É verdade. Da cor do caminhão de bombeiros. Ele está horrorizado.

Você também pode pedir ou oferecer ajuda. Quando vejo pessoas tentando decifrar mapas em esquinas, sempre pergunto se elas precisam de ajuda. Claro que é bom praticar uma boa ação, mas o que me deixa feliz mesmo é aquela pequena conexão, ou quando elas começam a me contar por que estão indo para aquele lugar, ou quando o estarão visitando, de onde vêm e o que estão fazendo na viagem. Pedir ajuda, para mim, é uma experiência surpreendente de vulnerabilidade, e quando alguém para por sua causa, apenas para ajudá-lo a achar o caminho, é uma sensação humana, muito humana. Ouvi de uma mulher meio alemã, meio egípcia que morou nos dois países que no Egito uma tradição cultural enraizada de hospitalidade com estranhos e viajantes significa que as dinâmicas de ajuda são fluidas e fáceis – e, se você conversar com alguém, essa pessoa provavelmente vai convidá-lo para ir à casa dela. Uma amiga minha é pesquisadora e trabalha com frequência na Ásia Central e na África Oriental. Como ela é uma mulher que viaja sozinha sem nenhum conhecido, sua estratégia de sobrevivência é esta: faça com que uma pessoa o veja como um ser humano de verdade e outras pessoas farão o mesmo. Às vezes, só é necessário um sorriso, mas muitas vezes acontece quando ela pede ajuda da qual precisa de verdade.

    Ajudar em situações de serviço tem seus próprios significados complexos. Nos Estados Unidos, balconistas de lojas, garçons e outros trabalhadores do setor de serviços em geral veem a ajuda como parte do trabalho ou acham vantajoso ser simpático e prestativo. Mas a experiência é complicada pela transação de consumo inerente ao seu papel. Um antigo proprietário de um café nos Estados Unidos me contou: "Passei toda a minha vida adulta encontrando e cumprimentando estranhos. Acho fascinante, mas isso tem um preço, apesar de me rejuvenescer. É uma sociedade tão consumista que não tenho certeza se sou sincero ou manipulativo. Conversar com estranhos é se esconder, mas também se importar". Por outro lado, uma amiga que imigrou da Rússia para os Estados Unidos quando criança, e ainda fala russo fluentemente, me contou que, quando voltou para a Rússia e ficou um ano lá já adulta, ela ficou chocada com "a rispidez e absoluta falta de atenção no comércio. Eu podia entrar em uma loja vazia e os funcionários (em geral mulheres carrancudas, que não sorriam) não se dirigiam a mim a não ser que eu pedisse sua atenção, que me era dada com desinteresse entediado. Mas trata-se de um espaço de serviços, transações e poder, resíduo dos tempos da União Soviética, quando os consumidores não tinham poder e os balconistas eram guardiões de produtos difíceis de conseguir".

Há ainda um último modo de iniciar uma conversa, e há o risco de ser indelicado, mas é o meu favorito. Você pode manter todos os tipos de conversa desse jeito – algumas por alguns minutos, outras, durante horas. É se intrometer na vida dos outros. Pense em apresentações em teatros, como peças ou espetáculos de dança. Existe uma "quarta parede", sendo as outras três formadas pelas laterais e pelo fundo do palco. A ideia é que os atores no palco pensem que eles estão em uma caixa de quatro lados, mas nós podemos ver através da quarta parede. Às vezes, o autor ou o coreógrafo criam um personagem que derruba a quarta parede, dirige-se diretamente ao público, admite que pode nos ver e força o público a se perceber como parte da ação. Filmes também fazem isso às vezes, quando um personagem se dirige diretamente para a câmera. Então, em lugares públicos você pode pensar na desatenção civil como uma espécie de quarta parede. E você pode derrubá-la conversando com alguém que acredita estar protegido pela parede da desatenção civil, ou interrompendo delicadamente pessoas que estão conversando perto de você como se você não estivesse lá – pessoas que estão interagindo com outras acreditando que você irá lhes dar desatenção civil. Você pode estar sentado em um café, e as pessoas que estão perto de você começam gargalhar. Você também ouviu as coisas engraçadas que elas disseram, então faz um breve contato visual, ri com elas por um momento e desvia o olhar. Ou a criança da mesa próxima à sua está implorando por um biscoito, e você encontra o olhar da mãe, com expressão de aborrecimento. Você sorri. Pode ser mais do que uma invasão – o risco também pode levar a uma longa conversa ou a uma forte desaprovação. Imagine que você está sentado em um café em uma mesa ao lado da minha, conversando com um amigo sobre um filme a que você assistiu, talvez a respeito dos efeitos especiais. E eu me dirijo a você e digo: "Aquela explosão foi a coisa mais assustadora que já vi!" Você pode fazer cara feia devido à minha invasão. Você pode sorrir e indicar que nossa interação acabou e que devo voltar para o que eu estava fazendo. Ou você pode reagir incluindo-me na conversa por algum tempo, derrubando a quarta parede, esquecendo de que estamos todos lá separados e agir como se estivéssemos todos juntos. Percebe agora? Tudo de interessante que acontece entre estranhos começa quando você transgride regras invisíveis de formas positivas.

• • •

Onde está a ação

Há lugares que podem ser considerados "abertos" à socialização entre estranhos. Se você entrar em um espaço aberto, as regras da desatenção são ignoradas. Você não ficará surpreso se um estranho disser "oi" e conversar um pouco em uma quadra de basquete pública, um bar, um café, um parque ou praça pública, um *resort* ou saguão de hotel, um cruzeiro, uma festa grande, um evento público como uma parada ou manifestação, em um museu. Esses são lugares nos quais, em graus diferentes, as pessoas esperam estar em uma atmosfera mais social em geral (embora, às vezes, apesar dela). A dança delicada da desatenção civil não é tão restrita. Você provavelmente precisará fazer perguntas sem importância e haverá menos proibições para fazê-las. Este lugar está vazio? Você sabe onde ficam as bebidas? Precisam de mais um jogador? Em lugares relativamente populosos, as pessoas já vão sabendo que estarão próximas; não há tanta necessidade de provar que você não vai tomar muito tempo dos outros, nem é tão necessário reconhecer a presença dos demais a título de cortesia. Provavelmente você não poderá dizer "olá" para todos em um bar, ou em um saguão. Você até poderia, mas já seria uma *performance* artística.

Em lugares públicos como cafés, você tem a variação do tempo em que estará compartilhando o espaço. Você pode acabar dividindo uma mesa com outra pessoa – hoje em dia, principalmente quando estiver lendo ou usando um *notebook*. Uma negociação quase imperceptível começa quando você pede licença para sentar. Ela continua quando você e essa pessoa mantêm uma interação breve e amigável – mesmo um simples sorriso ou aceno de cabeça – e então deixa claro que você respeitará a privacidade do outro cuidando da sua vida. Vocês estarão juntos por algum tempo, e a linha divisória tem que ser clara e mútua. A única transgressão legítima é um pedido ocasional de olhar os pertences enquanto você vai buscar mais comida ou vai ao banheiro – embora você possa assumir o risco de fazer comentários sobre alguma conversa dos colegas de mesa. Como disse, faço isso com frequência, e geralmente a interação é divertida. De toda forma, nessa situação, se as fronteiras não lhe agradarem, você sempre poderá mudar de lugar ou sair.

Mas há situações em que você realmente não pode sair – elevadores, filas e meios de transporte. São espaços transitórios, nos quais você está muito perto dos outros durante um percurso. A desatenção civil fica mais difícil de ser evitada – mas deixar de fazê-lo pode levá-lo a caminhos interessantes.

No elevador, a norma é não falar nem olhar para as outras pessoas. Ali, você tem pouco controle sobre a duração da situação. Há danças padronizadas e elaboradas que as pessoas executam para reorganizar as distâncias físicas e evitar o contato visual quando elas se espremem e saem dos elevadores. É só depois que duas ou três pessoas saíram que um estranho pode se dirigir a outro e dizer alguma coisa. Quando isso acontece de forma educada, ocorre uma transformação inesperada do espaço em uma área aberta, e isso pode transformar a experiência em um momento de conexão.

Há também situações transitórias criadas pela espera coletiva. Salas de espera, esperar em filas, esperar a chegada de um ônibus ou avião atrasado. Você estará na mesma situação de impotência que os outros, e então será adequado passar o tempo com algum comentário sobre a situação ou com um pedido de informações. Mesmo nesses casos, há regras; a pessoa deve, em geral, responder de forma breve e educada. Se houver interesse em prolongar a conversa, ela pode abrir espaço com linguagem corporal. Caso contrário, ela desviará o olhar e o corpo depois de uma interação rápida. Às vezes, se esse sinal passar despercebido, você poderá ver sinais de desconforto no rosto da pessoa que está sendo incomodada contra a sua vontade. Novamente, você pode sair de uma fila, mas não é provável que o faça, a não ser que o desconforto seja excessivo. Você entrou naquela fila por alguma razão.

Metrôs e trens são meus espaços de transição favoritos. Existe o ritmo do movimento, parada, movimento, os anúncios do condutor, o fluxo regular de pessoas entrando e saindo. A maioria das pessoas não conversa, e às vezes acontecerá algo que vai abrir um espaço nas pequenas distâncias das experiências delas. Um ponto de triangulação pode ser uma criança engraçada, um músico tocando em troca de algumas moedas, alguém falando sozinho, um bando de garotos barulhentos. Um atraso inesperado e inexplicável entre as paradas. Qualquer um desses fatos pode desencadear uma troca de olhares, gestos interrogativos, sorrisos divertidos ou suspiros de frustração. De repente, abre-se espaço para interação.

O espaço compartilhado em uma longa viagem de ônibus ou de avião, com contatos prolongados em espaços exíguos, tem uma dinâmica diferente e fascinante. O padrão para a

maioria das pessoas é manter a distância social. Em ônibus, elas usam um repertório de estratégias não verbais para manter o banco ao lado delas vazio pelo maior tempo possível, e dar espaço somente para alguém que não seja, nas palavras dos entrevistados de um estudo etnográfico, "louco", "tagarela" ou "malcheiroso", entre outros aspectos indesejáveis. No avião, você não tem escolha, e provavelmente você será rápido em utilizar sinais evidentes de desinteresse na socialização. O que você faz para evitar a comunicação com o passageiro ao lado? As barreiras mais utilizadas contra o envolvimento incluem a leitura de livros e jornais, o uso de fones de ouvido, desvio do olhar, sorrisos pálidos seguidos pelo desvio do olhar, dormir ou fingir estar dormindo, e apenas olhar pela janela. Certa vez, tentei fingir que não falava inglês, mas fiquei atrapalhada quando os comissários de voo se aproximaram.

Há outra coisa a respeito de ônibus e aviões. A interação entre pessoas que sabem que não se encontrarão de novo é altamente especializada, e quando é fisicamente próxima, anônima, interlúdios longos podem também produzir um espaço de autorrevelação profunda, que, como vimos no segundo capítulo, pode criar uma experiência íntima imediata porque é muito comum que a abertura se torne mútua. Lembre-se de que a reciprocidade é um grande fator no nível de abertura em uma conversa, seja entre cônjuges, seja entre estranhos. É impressionante e contraintuitivo que, enquanto entre estranhos não há necessariamente reciprocidade na troca de informações descritivas, a reciprocidade acontece na revelação de sentimentos íntimos. Não é de estranhar que seja uma proposta de peso tirar os olhos do seu livro em um avião e interagir com o passageiro ao lado. Historicamente, é mais provável que o façamos em trajetos curtos, no início da viagem, quando é possível encerrar a conversa entretendo-se com um livro, um filme ou dormindo, ou no final de longas viagens, quando o tempo disponível para comprometimento é mínimo. Também tendemos a preservar a distância social e a privacidade não mencionando nomes, embora às vezes, depois de uma conversa satisfatória, as pessoas se apresentem no final da interação para afirmar que gostaram da conversa, enquanto recolhem seus pertences para sair do avião.

• • •

Estratégias de saída

As saídas podem ser o momento mais estranho de uma interação com outra pessoa, principalmente com um estranho. Como você encerra uma interação? Quem tem o direito de fazê-lo? A meta é encerrar uma interação quando você quer, mas sem ofender a pessoa de quem você está se afastando. Esteja você ciente ou não, damos dicas físicas e verbais. Quando nossas dicas não são percebidas ou acatadas, a interação enfraquece bem depressa.

Quando começa, a interação em um espaço aberto tem um diâmetro. No estudo de Goffman, a distância nos Estados Unidos não era inferior a meio metro nem maior do que um metro, aproximadamente. Assim, estar perto demais dificulta falar diretamente com a outra pessoa, saber para onde olhar ou como gesticular, e pode ser tão desconfortável que leva as pessoas a se afastarem. Estar longe demais faz com que você não esteja comprometido fisicamente com uma interação. Em um grupo maior, as pessoas podem ter que se curvar para se ouvir, ou podem estar em vias de começar uma interação, mas sua atenção e seu foco podem ser desviados com facilidade.

Se quiser escapar, você pode usar o corpo como sinal. Pouco a pouco, você pode ir saindo dessa zona de interação. Perder o contato visual é um sinal – o mais óbvio e intencional. De forma inconsciente, você pode ficar um pouco nervoso, e esse é um sinal também. Quando você emite o sinal, espera que o parceiro entenda a mensagem e encerre a interação também, ou que esteja preparado para fazê-lo. O envio e o recebimento da mensagem podem acontecer tão depressa que surgirá a ilusão de reciprocidade.

Palavras também funcionam. Em geral, só é preciso um motivo ou uma desculpa gentil. Estou com pressa; preciso de outra bebida; você sabe onde é o banheiro?; preciso encontrar meu amigo; foi bom conversar com você; ou olhar para o seu telefone e dizer que seu amigo, parceiro ou a babá está enviando uma mensagem, coisas desse tipo. São necessidades razoáveis que permitem encerrar uma interação. Qualquer um desses fatos pode ser verdadeiro, mas também funciona como desculpa. Então, é bom ser sincero e afetuoso, se possível.

Para uma saída correta, é preciso ainda competir para saber qual pessoa tem mais "direito de desencadear a saída" de uma conversa. Em geral, a pessoa que iniciou a interação tem prioridade para encerrá-la. É uma questão, até certo ponto, de gentileza. A pessoa iniciou a conversa por algum motivo. Pode ter sido mera curiosidade ou solidariedade, o que concede apenas prioridade limitada para encerrar a interação, mas, se a pessoa que iniciou a interação tinha uma necessidade ou razão específica, em teoria cabe a ela encerrá-la. A lógica aqui é paralela ao que observamos em conversas de passagem – segundo a convenção, perguntas devem ser respondidas; elogios, agradecidos; e assim por diante. Há um entendimento tácito de que você tem que garantir que a pessoa que começou a conversa obteve o que ela precisava. Assim como nas trocas em passagens, pode haver abuso e você será obrigado a ser rude para poder sair. O poder também importa. Quando há uma diferença real ou percebida no poder ou *status*, a pessoa com mais ascendência tem o direito de encerrar a interação e poderá fazê-lo de forma cortês ou não.

Boa parte disso, ou quase a totalidade, acontece abaixo do nível da lógica e da razão. É tudo intuição, percepção, informações sensoriais, dicas incrivelmente sutis. Em espaços conectados – *on-line*, em *apps*, em *games* – tudo isso vai para o espaço. O corpo está ausente. Nossa comunicação *on-line* é quase sempre assincrônica e deslocada. Temos praticamente os mesmos problemas de sinalização, percepção e interpretação. Ela é segura? Essa pessoa respeitará as fronteiras razoáveis de contato e adequação? Essa pessoa é realmente quem afirma ser? A pessoa quer ser cumprimentada? Não há jeito de se afinar com o nível de comprometimento do outro e não há pistas de términos iminentes. Respondemos a essas perguntas de formas diferentes, sem informações sensoriais. Podemos verificar a presença de alguém nas mídias sociais e ver que tipo de coisa a pessoa diz em público, podemos verificar se conhecemos alguém em comum e se a pessoa tem a mesma identidade em várias plataformas. Como decidiremos, por exemplo, se a troca de tuítes, o fluxo de comentários, a conversa pelo Messenger ou a correspondência por *e-mail* será encerrada? O que você fará se a pessoa terminar suas mensagens com perguntas? Pessoalmente, podemos até nos retirar de uma conversa sem satisfazer a pessoa que a começou. É grosseiro, mas pode ser contrabalançado com um aceno e um sorriso enquanto nos afastamos. Em conversas mediadas pela tecnologia, o "afastamento" só deixa silêncio. Não temos um gesto de encerramento. As pessoas se comunicam dessa forma há anos e ainda não desenvolveram muitas dicas e comportamentos padronizados para entrar e sair das plataformas *on-line* com mais elegância.

Todas essas soluções para os problemas mecânicos que enfrentamos quando compartilhamos o espaço público, todas as regras implícitas, expressões corporais e palavras que saem ou não de nossa boca – todas essas são coisas das quais temos pouquíssima consciência. Aprender a enxergar o que está oculto carrega a emoção do conhecimento secreto. É também conhecimento prático. Ele ajuda-o a entender quando você se sente bem e quando se sente esquisito, quando você compartilha espaços e momentos com gente que você não conhece. E ajuda-o a se inserir em um panorama social transformador, que está aberto e é rico em conexões surpreendentes, efêmeras e afirmativas. E utilizar esse conhecimento precioso e prático pode nos guiar rumo a um mundo mais intrigante, respeitoso e tolerante.

EPÍLOGO

Nesta manhã, o metrô parece um filme do Fellini, está lotado de gente que parece saída de um circo antigo e abandonado. Aquele russo gordo de pescoço grosso é o Hércules. Vejo os cachos fluidos e alaranjados de um domador de leões que está lendo o jornal. Há uma mulher corpulenta com a maquiagem vistosa de trapezista. Um rapaz cujo nariz precisaria de pouco acréscimo para ser o palhaço está apoiado contra a porta. A senhora com o rosto imóvel, lábios e olhos com contornos pretos, com certeza já foi a mulher barbada. Sentado à minha frente está um homem alto, moreno, as mãos trêmulas seguram um chapéu vistoso no colo. Agora estou encarando-os. Fico imaginando que posso ser facilmente interpretada como indelicada. O trem para na estação, e a mulher barbada se levanta para sair. Ela se inclina quando passa por mim e toca meu rosto. "Todos nós já fomos bonitos um dia", diz ela.

No metrô de Nova York acontecem coisas desse tipo. Mas, em qualquer viagem, a maioria das pessoas está com fones de ouvido, e portanto elas estão isoladas da possibilidade de interação. Um dos meus alunos realizou uma intervenção poética radical nesse campo do isolamento. Ele estava ouvindo música com fones de ouvido, sentando ao lado de uma mulher que também estava com fones de ouvido e se movia de leve ao ritmo da música. Ele tirou os fones e os ofereceu a ela. Perplexa por um momento, ela tirou os dela e os trocou pelos dele. Eles ouviram a música um do outro por alguns minutos e depois desfizeram a troca. Nem uma palavra foi dita entre eles.

 Ele ficou tão entusiasmado e tocado com essa experiência que quis que todos a tivessem. Pensou em formas de promover esse ato de troca como um meme do comportamento humano. Pensou em colocar adesivos no metrô todo, tentou criar uma iconografia representando a troca e indicando o que fazer. No final, foi ficando cada vez mais claro que isso era impossível. É difícil explicar de forma simples as muitas camadas de prazer envolvido – a comunicação sem palavras, a breve sensação de conexão, a comunhão aprofundada por ser silenciosa, a música real – e mais difícil ainda transmitir que há de fato muito pouco risco envolvido. Que ser rejeitado ou mal compreendido é só um pouco embaraçoso, nada mais.

 Um momento de comunhão como esse não é comum, mas você pode encontrar outros oferecendo um sorriso ao passar por alguém que você não conhece. Para mim, essa forma especial de me sentir conectada com as pessoas com quem compartilho o mundo é essencial para a minha existência. Sem isso, mesmo quando estou imersa do amor da minha família e dos meus amigos, sinto uma ponta de solidão e desconexão. Quando me sinto assim, vou para a calçada.

 Adoro os cumprimentos, as piadas e discussões sobre os cachorros impacientes das pessoas. Adoro contar uma história e ouvir outra. Para mim, o sentido de comunhão mais profundo provém do entendimento de algo do "ser interior" de um estranho. Seu eu me encontrar com você na rua e começarmos a conversar, posso não estar apenas passando o tempo, mas obtendo uma dose de conexão. Posso estar procurando por algo, uma pequena fresta que possa abrir e ver o que de verdadeiro ela vai mostrar. Quero a sua luz e o seu brilho, e também as fissuras de imperfeição.

Esses momentos cintilantes em que consigo o que quero são raros. Na maior parte das vezes só digo "oi" e recebo um "oi" de volta. E então estamos aqui, juntos neste lugar. E somos estranhos.

EXPEDIÇÕES

Ler é uma coisa, agir, é outra. Você pode acreditar na minha palavra a respeito disso tudo, mas por que o faria? Conversar com estranhos é uma experiência prática, que requer todos os seus sentidos e o seu "eu" corporal. Você precisa ir aonde a ação está.

Cada uma das expedições a seguir oferece uma estrutura e uma sugestão para ajudá-lo a explorar o mundo das pessoas que você não conhece. Cada uma apresenta um método e um motivo para conversar com um estranho e problemas práticos a serem resolvidos.

Você pode fazê-las sozinho ou com um parceiro. Em duplas, vocês podem seguir em expedições separadas e contar o resultado na volta. Tome notas mentalmente, enquanto elas acontecem, e escreva-as quando voltar. Incentivo-o a compartilhar suas anotações no seu *blog*, nas redes sociais, em qualquer lugar onde você escreva sobre as suas experiências. Você pode iluminar os seus amigos e leitores com as suas observações. E documentar as experiências é um modo especial de processá-las para si mesmo. Você pode realizar todas em um dia ou espaçá-las em vários meses. Você pode gostar de uma delas e repeti-la várias vezes. Você pode tentar e descobrir que isso não serve para você. Tudo é possível.

O princípio orientador dessas expedições é o respeito pelos outros e cada explorador deve estar muito atento à sua própria conduta. Se você é homem ou tem aparência masculina, seja especialmente respeitoso ao falar com mulheres e pessoas com aparência feminina, para não correr o risco de ser visto como ameaçador ou invasivo. Seja gentil, mantenha uma distância física um pouco maior e, se as pessoas não sinalizarem que estão abertas a uma interação, não insista.

Lembre-se das enormes diferenças culturais quanto às expectativas de contato visual e comportamento na rua. Lembre-se de que o contexto importa, como ocorreu nas experiências de comportamento do terceiro capítulo, em que, por exemplo, as pessoas de Tel-Aviv não queriam recolher cartas não despachadas. Essas expedições podem não fazer sentido no lugar em que você está. Assim, por essas mesmas razões, não recomendo fazê-las em culturas com as quais você não está familiarizado ou nas quais não nasceu.

As expedições são apresentadas em ordem crescente de desafio – de complexidade, risco emocional e potencial de profundidade na interação. A primeira expedição é um aquecimento para ajudá-lo a diminuir o ritmo e aguçar a sua conscientização, aprimorar as suas habilidades de observar o comportamento público e colocá-lo na postura mental correta. Recomendo enfaticamente que você a faça, independentemente das outras expedições que você venha a escolher.

Expedição: "Observação de pessoas"
Você precisará de um caderno para esta expedição. Passe uma hora em um lugar público onde não seja provável encontrar pessoas conhecidas. Tente um parque, um café, uma praça, um lugar turístico, um ônibus ou trem. Qualquer lugar em que você

possa se demorar e observar gente que não se movimente muito depressa será perfeito. Escolha um bom lugar para sentar, de onde possa ver diversas pessoas não muito distantes. Sente-se quieto. Desligue os seus aparelhos, saia do ar. Eu quero dizer DESLIGUE mesmo. É só durante uma hora – você consegue! Parte do desafio é a presença plena.

Comece olhando ao seu redor. Primeiro, descreva o ambiente. Onde você está? Quais são as características mais interessantes do lugar? Para que serve? O que as pessoas fazem além da finalidade específica? Que tipos de pessoas estão aí? Tome nota da aparência delas, de como estão vestidas, do que elas fazem e não fazem, de como interagem com as demais. Se houver uma multidão, você pode, se quiser, observar apenas algumas pessoas. Se estiver inspirado para inventar histórias para qualquer uma delas, especifique os detalhes que fundamentam a sua narrativa. Assim, por exemplo, se concluir que uma pessoa é confiante ou rica, sem teto ou tímida, turista ou moradora da vizinhança, como você chegou a essa opinião? Pela postura, pela pele, pelas roupas? Desacelere a mente e entenda de onde vêm as suas suposições.

Como etnógrafa, quando retorno do trabalho de campo ou de entrevistas, tento digitar minhas notas ou lê-las e fazer acréscimos assim que possível. Isso sela a experiência e oferece a oportunidade de processá-la com certo distanciamento, mas enquanto ainda me lembro dela com clareza. Você não precisa fazer isso, mas, se estiver gostando da experiência, pense a respeito. Uma forma igualmente boa de metabolizar o que você vivenciou é contar algumas dessas histórias para seus amigos ou sua família.

Expedição: "Diga 'oi' para todo mundo"

Dê uma volta em um lugar com muita gente, como um parque com caminhos ou na calçada de uma cidade. Defina um território para você. Você dará voltas no quarteirão? Ou desta árvore até aquele banco de madeira? Escolha um território razoável para atravessar, que demore pelo menos de cinco a dez minutos. Escolha um lugar que tenha uma densidade razoável de pedestres, mas que não esteja superlotado. Caminhe devagar. Sua missão é dizer "oi" para todas as pessoas por quem passar. Todas. Tente olhá-las nos olhos, mas não se preocupe se elas não ouvirem ou o ignorarem. Você estará apenas se aquecendo.

Agora tente novamente e inclua observações fáticas – do tipo que tem pouco significado, mas exprime reconhecimento social – no lugar de cumprimentos, frases como "Que cachorro bonito", "Gostei do seu chapéu" ou "Que frio está hoje, não?". Esses atos de percepção perfuram o véu do anonimato e criam espaço social momentâneo.

Observe com perspicácia a dinâmica de cada uma dessas microinterações. Você estará se comportando de uma forma um pouco estranha em público, então preste atenção em como as pessoas reagem. Você poderá deixar algumas pessoas incomodadas, mas, como estará fazendo a mesma coisa com todos e não irá parar, o incômodo deve ser mínimo. Então, o que acontece quando você cumprimenta as pessoas? Elas sorriem? Demonstram surpresa? Ficam sem graça? Conversam com seus acompanhantes sobre o que está acontecendo? Caso fique nervoso, leve um amigo junto. O amigo não precisa dizer nada para ninguém; ele estará lá só para que você se sinta seguro.

Expedição: "Ficar perdido"

Esta expedição é uma sequência de solicitações que geram maior envolvimento à medida que você progride – se conseguir – em cada estágio. Pegue papel e caneta e mantenha o seu celular escondido. O primeiro passo é perguntar como chegar a algum lugar. Se a pessoa parar e lhe der instruções, peça-lhe que desenhe um mapa. Se a pessoa desenhar um mapa, peça o número do celular dela para que você possa ligar, caso se perca. Se ela lhe der o número de celular, ligue. Um número surpreendente de pessoas irá dar o número do telefone. Durante os anos em que usei esse exercício nas minhas aulas, só uma aluna telefonou. "Eu fiquei surpresa por perceber como esse último passo é assustador", ela me disse. "Quanto espaço damos aos outros nesta cidade lotada." Incentivo-o a ter coragem nesse ponto.

Tome cuidado ao escolher um ponto de partida e um destino – você poderá ter que tentar algumas vezes até encontrar os que funcionem bem. Talvez não seja tão simples encontrá-lo, ou talvez o mapa não seja necessário. Mas não deve ser tão complicado que fique muito difícil de explicar.

Criei esse exercício há quase uma década, e ele se tornou mais difícil de ser realizado devido à onipresença dos *smartphones*. Você deve parecer incapaz de se orientar sem um mapa feito à mão ou uma lista de instruções. Gastar tempo para desenhar ou escrever instruções já é uma incursão, e esse exercício requer incursões cada vez maiores.

Esta expedição também exige que você minta. Preste atenção em como se sente quanto a isso.

Expedição: "A pergunta"

As pessoas conversam se você lhes der uma chance. Elas falam quando você escuta. Esta expedição requer que você faça a um estranho uma pergunta íntima e desconcertante e simplesmente ouça o que ele tem a dizer. Com "íntima e desconcertante" quero dizer uma pergunta que seja inesperada, real e pessoal. Trata-se de uma pergunta que vai ao centro do ser de uma pessoa. Deve também ser uma pergunta que não requeira uma lembrança. Você quer alguma coisa que as pessoas expressem de forma imediata, visceral. A minha favorita é "Do que você tem medo?" Poucas pessoas dizem coisas como aranhas e ratos, e evitam o convite emocional, mas a maioria vai direto ao coração e fala sobre o medo da morte, do fracasso, da solidão e da perda – e o que elas dizem é muito surpreendente de ouvir, e é surpreendente que elas tenham dito para você. Você pode fazer as suas próprias perguntas e tentar com mais de uma.

A estrutura funciona assim: é preciso usar um equipamento de vídeo ou de gravação de áudio (você pode usar o seu celular) para ajudar a legitimar a invasão e dar a ela alguma lógica. A câmera é um artifício que possibilita a pergunta e um tipo de mediação para permitir que as pessoas se abram.

Você se dirige a alguém que não esteja com pressa e pergunta se pode fazer uma pergunta com a câmera. Algumas pessoas podem querer responder, mas sem a câmera – tudo bem! O principal é a conversa, não a gravação. Comece a gravar antes de fazer a pergunta. Então fique quieto. Se a pessoa pedir um esclarecimento, faça-o, mas não dê exemplos de respostas. O seu trabalho é só ouvir. Se a pessoa parecer à vontade para falar, você pode fazer perguntas de *follow-up*, mas não se precipite. Dê à pessoa uma oportunidade de preencher os próprios silêncios. Muitas vezes, é nesses momentos que a mágica realmente acontece.

Expedição: "Você não pertence a este lugar"

Esta expedição final leva-o até um território mais profundo e complexo. É a de maior risco emocional. Escolha um lugar no qual você não se encaixe, onde você seja minoria de alguma forma. Se você é uma pessoa que passa a maior parte do tempo sendo minoria, essa experiência pode ser tão comum quanto a chuva para você, e talvez você prefira não fazê-la. Você deve estar visivelmente fora de lugar – talvez em termos de raça, gênero, grupo étnico, idade, habilidade, associação, aparência ou outras categorias de diferenciação. A meta aqui é simplesmente observar: O que as pessoas estão fazendo? Como elas estão reagindo à sua presença? Você pode tentar se enturmar e ver o que acontece. Esteja atento, observe, veja se você consegue entender as premissas desse microlocal sobre comportamento em público e atenha-se a elas.

Obviamente, não se coloque em situações de risco, não escolha um lugar onde você esperaria ser recebido com agressão. Você poderá ter uma experiência maravilhosa e reveladora. Você poderá se sentir como se tivesse entrado em uma versão ao vivo da tecnologia virtual do Portals Project, do Shared_Studios. Mas prepare-se: é possível que você se sinta muito mal depois desta expedição. Se isso acontecer, você terá tido uma vivência essencial da empatia. Como se sente quem é tratado como invisível ou é mal recebido. Não desejo esse tipo de experiência para você, mas, se vier a passar por isso, espero que mude a forma como vê o mundo.

AGRADECIMENTOS

Muito obrigada a June Cohen e Michelle Quint, do TED, por me convidarem para escrever este livro, a Michelle pela edição inspirada, e ao ótimo pessoal da Simon & Schuster, por trazê-lo ao mundo. Sou grata também a Julia Rothman pela capa e ilustrações esplêndidas.

Converso com estranhos há muito tempo. Meus sentimentos e conhecimento sobre os meandros foram bastante enriquecidos pelas muitas pessoas que compartilharam histórias, reflexões, entusiasmos e temores em suas experiências com estranhos. Agradecimentos especiais por essas contribuições aos meus alunos do Programa de Telecomunicação Interativa – ITP (principalmente Liesje Hodgson, que fez aquela ligação telefônica, e Toby Schachman, que trocou os fones de ouvido no metrô), aos membros do HC, Beth Kolko, Addie Wagenknecht, Nora Abousteit, Jeff Sharlet, Cameron Caldwell, Karen Barbarossa, Nicola Twilley, Alex Molotkow, Mark Kingwell, Alix Lambert, Dennis Gavin, Lydia Pettis, e a todos os desconhecidos anônimos, assim como a todos os amigos que tenho.

Jodi Baker e eu temos estado juntas, trocando e discutindo ideias sobre estranhos e tudo o mais durante a maior parte de nossas vidas. Ela leu este manuscrito inteiro duas vezes e diversos fragmentos inúmeras vezes, discutindo-os, elogiando-os e melhorando-os durante todo o processo. Minha querida amiga de tanto tempo Rachel Devlin deu conselhos sábios sobre o texto e incentivou-me a encaixar os assuntos mais difíceis. Richard Nash, sempre leal, solidário e editor incomparável, presenteou-me com sua análise minuciosa quando eu mais precisava. Genya Turovsky ofereceu o seu olhar aguçado de poeta à prosa. Sou grata também aos toques inteligentes de Clay Shirky, e a Emily May, que ofereceu orientação e inspiração sobre o assunto de assédio na rua.

Meu parceiro, Bre Pettis, deu-me excelente *feedback* sobre o manuscrito, e ele sorri todas as vezes que chego em casa correndo com outra história boba de uma conversa que tive com um estranho. Agradeço pelo seu enorme entusiasmo pelo meu trabalho e pelas maneiras como me desafia. Este livro não teria sido possível sem a amorosa participação familiar dos meus pais, Meryl Stark e John Casella, que cuidaram de nós enquanto eu estava escrevendo, e ainda o fazem.

TRABALHOS MENCIONADOS

Intimidade efêmera

Nicholas Epley; Juliana Schroeder. "Mistakenly Seeking Solitude". *Journal of Experimental Psychology: General*, v. 143, n. 5, pp. 1980-99, 2014.

Gillian Sandstrom; Elizabeth W. Dunn. "Is Efficiency Overrated? Minimal Social Interactions Lead to Belonging and Positive Affect". *Social Psychology and Personality Science*, v. 5, n. 4, pp. 437-42, 2014.

Gillian Sandstrom; Elizabeth W. Dunn. "Social Interactions and Well-being: The Surprising Power of Weak Ties". *Personality and Social Psychology Bulletin*, v. 40, n. 7, pp. 910-22, 2014.

Kenneth Savitsky et al. "The Closeness-Communication Bias: Increases in Egocentrism Among Friends Versus Strangers". *Journal of Experimental Social Psychology*, v. 47, pp. 269-73, 2011.

Mario Luis Small. "Weak Ties and the Core Discussion Network: Why People Regularly Discuss Important Matters with Unimportant Alters". *Social Networks*, v. 35, pp. 470-83, 2013.

Tanya Vacharkulksemsuk; Barbara L. Fredrickson. "Strangers in Synch: Achieving Embodied Rapport Through Shared Movements". *Journal of Experimental Social Psychology*, v. 48, pp. 399-402, 2012.

Arthur Aron et al. "The Experimental Generation of Interpersonal Closeness: A Procedure and Some Preliminary Findings". *Personality and Social Psychology Bulletin*, v. 23, n. 4, pp. 363-77, 1997.

Sally D. Farley. "Nonverbal Reactions to an Attractive Stranger: The Role of Mimicry in Communicating Preferred Social Distance". *Journal of Nonverbal Behavior*, v. 38, pp. 195-208, 2014.

Allison Abbe; Susan E. Brandon. "Building and Maintaining Rapport in Investigative Interviews". *Police Practice and Research*, v. 15, n. 3, pp. 207-20, 2014.

Charles Antaki et al. "Self-disclosure as a Situated Interactional Process". *The British Journal of Social Psychology*, v. 44, pp. 181-99, 2005.

Kathryn Dindia et al. "Self-disclosure in Spouse and Stranger Interaction: A Social Relations Analysis". *Human Communication Research*, v. 23, n. 3, pp. 388-412, 2007.

Um mundo feito de desconhecidos

Leslie A. Zebrowitz et al. "Mere Exposure and Racial Prejudice: Exposure to Other-race Faces Increases Liking for Strangers of that Race". *Social Cognition*, v. 26, n. 3, pp. 259-75, 2008.

Loren J. Martin et al. "Reducing Social Stress Elicits Emotional Contagion in Mouse and Human Strangers". *Current Biology*, v. 25, pp. 326-32, 2015.

David Cwir et al. "Your Heart Makes My Heart Move: Cues of Social Connectedness Cause Shared Emotions and Physical States Among Strangers". *Journal of Experimental Social Psychology*, v. 47, pp. 661-64, 2011.

Robert V. Levine et al. "Cross-Cultural Differences in Helping Strangers". *Journal of Cross-Cultural Psychology*, v. 32, n. 5, pp. 543-60, 2001.

Robert V. Levine et al. "The Kindness of Strangers Revisited: A Comparison of 24 U.S. Cities". *Social Indicators Research*, v. 85, pp. 461-81, 2008.

Kurt Iveson. "Strangers in the Cosmopolis". In: John Binnie (Ed.) et al. *Cosmopolitan Urbanism*. Londres; Nova York: Routledge, 2006.

Fiona Kate Barlow et al. "The Contact Caveat: Negative Contact Predicts Increased Prejudice More than Positive Contact Predicts Reduced Prejudice". *Personality and Social Psychology Bulletin*, v. 38, n. 12, pp. 1629-43, 2012.

Mark Rubin. "The Disproportionate Influence of Negative Encounters with Out-Group Members on Prejudice". Disponível em: <https://sites.google.com/site/markrubinsocialpsychresearch/positive-and-negative-experiences-with-members-of-other-groups>.

Elijah Anderson. *Streetwise: Race, Class, and Change in an Urban Community*. Chicago: University of Chicago Press, 1990.

Elijah Anderson. "The White Space". *Sociology of Race and Ethnicity*, v. 1, n. 1, pp. 10-21, 2015.

Claudia Rankine. *Citizen: An American Lyric*. Minneapolis, MN: Graywolf Press, 2014.

Os mecanismos de interação

Erving Goffman. *Behavior in Public Places: Notes on the Social Organization of Gatherings*. Nova York: The Free Press, 1963.

Erving Goffman. *Interaction Ritual: Essays on Face-to-Face Behavior*. Nova York: Anchor Books, 1967.

Jane Jacobs. *The Death and Life of Great American Cities*. Nova York: Random House, 1961.

William H. Whyte. *The Social Life of Small Urban Spaces*. Nova York: Project for Public Spaces, 1980.

Eric D. Wesselmann; Janice R. Kelly. "Cat-calls and Culpability: Investigating the Frequency and Functions of Stranger Harassment". *Sex Roles*, v. 63, pp. 451-62, 2010.

Kimberly Fairchild. "Context Effects on Women's Perception of Stranger Harassment". *Sexuality & Culture*, v. 14, pp. 191-216, 2010.

Mitchell Duneier; Harvey Molotch. "Talking City Trouble: Interactional Vandalism, Social Inequality, and the 'Urban Interaction Problem'". *The American Journal of Sociology*, v. 104, n. 5, pp. 1263-95, 1999.

James H. Wirth et al. "Eye Gaze as Relational Evaluation: Averted Eye Gaze Leads to Feelings of Ostracism and Relational Devaluation". *Personality and Social Psychology Bulletin*, v. 36, n. 7, pp. 869-82, 2010.

Eric D. Wesselmann et al. "To Be Looked at as Through Air: Civil Attention Matters". *Psychological Science*, v. 23, n. 2, pp. 166-68, 2012.

Phoebe C. Ellsworth et al. "The Stare as a Stimulus to Flight in Human Subjects: A Series of Field Experiments". *Journal of Personality and Social Psychology*, v. 21, n. 3, pp. 302-11, 1972.

Joshua D. Meadors; Carolyn B. Murray. "Measuring Nonverbal Bias Through Body Language Responses to Stereotypes". *Journal of Nonverbal Behavior*, v. 38, pp. 209-29, 2014.

Mary S. Erbaugh. "China Expands its Courtesy: Saying 'Hello' to Strangers". *Journal of Asian Studies*, v. 67, n. 2, pp. 621-52, 2008.

Stefan Hirschauer. "On Doing Being a Stranger: The Practical Constitution of Civil Inattention". *Journal for the Theory of Social Behavior*, v. 35, n. 1, pp. 41-67, 2005.

Esther C. Kim. "Nonsocial Transient Behavior: Social Disengagement on the Greyhound Bus". *Symbolic Interaction*, v. 35, n. 3, pp. 1-17, 2012.

SOBRE A AUTORA

Os livros anteriores de Kio Stark são o romance *Follow Me Down* e o manual para autodidatas *Don't Go Back to School*. Ela mora e fala com estranhos no Brooklyn, em Nova York.

ASSISTA À PALESTRA DE KIO STARK NO TED

A palestra TED de Kio Stark, disponível gratuitamente no *site* TED.com, é um complemento deste livro.

FOTO: RYAN LASH / TED

SOBRE O TED

O TED é uma entidade sem fins lucrativos que se destina a divulgar ideias, em geral por meio de inspiradoras palestras de curta duração (dezoito minutos ou menos), mas também por meio de livros, animações, programas de rádio e eventos. Tudo começou em 1984, com uma conferência que reuniu conceitos de Tecnologia, Entretenimento e *Design*, e hoje abrange quase todos os assuntos, de ciência a negócios e a questões globais em mais de cem idiomas. E os eventos TEDx, realizados de forma independente, ajudam a compartilhar ideias com comunidades do mundo todo.

O TED é uma comunidade global, que acolhe pessoas de todas as disciplinas e culturas em busca de uma compreensão mais aprofundada do mundo. Acreditamos veementemente no poder das ideias para mudar atitudes, vidas e, por fim, nosso futuro. No *site* TED.com, estamos constituindo um centro de acesso gratuito ao conhecimento dos mais originais pensadores do mundo – e uma comunidade de pessoas curiosas que querem entrar em contato umas com as outras e com ideias, tanto *on-line*, no *site*, quanto nos eventos TEDx ao redor do mundo, durante o ano todo.

Na verdade, tudo o que fazemos – do TED Radio Hour até os projetos inspirados pelo TED Prize [Prêmio TED], dos eventos TEDx à série de lições do TED-Ed – é direcionado a este objetivo: Qual é a melhor maneira de difundir grandes ideias? O TED pertence a uma fundação apartidária e sem fins lucrativos.

OUTROS TÍTULOS DA COLEÇÃO

O pai de Zak Ebrahim ajudou a planejar o primeiro ataque à bomba ao World Trade Center, mas seus ensinamentos de ódio nunca atingiram o filho. Neste livro, Ebrahim conta como um menino criado em um ambiente de ódio escolheu trilhar um caminho diferente na vida adulta.

De tanto viajar, Pico Iyer percebeu que a melhor maneira de apreciar a beleza dos lugares é reservar um tempo para si. Em um mundo cada vez mais tecnológico, Iyer sugere que a melhor forma de enfrentar a loucura da vida moderna é desacelerar, se desconectar e descobrir a arte da quietude.

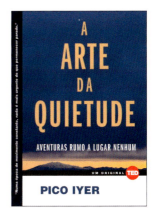

Neste livro, a doutora Hannah Fry conduz o leitor por uma fascinante jornada entre padrões que regem a vida amorosa e prova com sabedoria e bom humor que a matemática é uma poderosa ferramenta para desvendar os complicados, irritantes, enigmáticos e intrigantes padrões do amor.

Neste livro, Marc Kushner apresenta projetos muito diversificados, mas que mostram como arquitetura pode ser uma poderosa ferramenta para solucionar questões sociais e ambientais da atualidade.

Você sabia que os micróbios que vivem no nosso corpo afetam nossa saúde, humor, preferências alimentares e até o número de picadas de mosquitos que recebemos? Neste livro, os autores desvendam este universo antes invisível com muita informação e bom humor.

Com ideias inteligentes e divertidas para criar culturas corporativas sólidas, o livro estabelece as bases para um novo tipo de pensamento. Não se trata de programas de milhões de dólares, mas de pequenos passos que qualquer um pode dar e que marcam o início de uma grande transformação.

Não é ficção científica: a vida em Marte e um plano de apoio fundamental para a humanidade, e dentro de vinte anos os seres humanos estarão vivendo no planeta vermelho. Neste livro, o autor comprova que isso não é apenas um sonho, mas nosso destino.

O renomado designer Chip Kidd propõe o exercício de avaliar as primeiras impressões que o design (seja ele bom, seja ruim) pode provocar e nos convida a participar de uma jornada visual rumo a novos insights sobre a verdadeira função do design e como ele está presentes no dia a dia.

Para a esmagadora maioria das pessoas, o trabalho não traz motivação. Este livro oferece uma visão inovadora e reveladora sobre o propósito do trabalho, mostrando como ele nos influencia e como você pode encontrar seu próprio caminho para a felicidade no emprego.

Repleto de detalhes históricos fascinantes e maravilhas médicas modernas, este livro é um envolvente vislumbre das lutas dos médicos e dos impasses que raramente vem à tona e estabelece as bases para uma nova maneira de entender a medicina, agora e no futuro.

Compartilhe a sua opinião
sobre este livro usando as hashtags
#OPoderDoAcaso
#TEDBooksAlaude
#TEDBooks
nas nossas redes sociais:

 /EditoraAlaude

 /EditoraAlaude

 /AlaudeEditora